喚醒金錢意識，寫給入門理財者的財富增長攻略！

理財小白的

財富戰鬥

曾鵬宇———— 著

自序
理財小白的財富戰鬥

　　有人說：這個世界95%的煩惱都可以用錢去解決。所以作為普通人，我們需要知道如何變得更有錢。

1

　　我是花了不少時間才逐漸明白一個人的自我成長和物質財富之間糾纏不清的關係的。

　　很多年前，我來到北京讀書工作，像很多人那樣，在一個陌生的城市裡白手起家，從無到有一點點積累生活的經驗和成長的感受。

　　這個過程中遇到過很多困難，後來發現大部分跟錢有關。

　　也經歷過很多波折，後來也發現大部分跟腦子裡的金錢意識有關。

　　之後才真正體會到，成年人的世界裡，必須有強大的內心、學習的動力，但扎實的物質基礎也必不可少。尤其是最後一點，會在某些時候影響很多普通人的選擇和命運。

　　是的，命運。

2

並不是每個人從一開始就能明白這一點，就好像絕大部分普通人的成長過程中其實是缺乏金錢教育的。就像我的少年時期，父母很少開誠布公地談到錢，他們更希望我好好讀書，以後找一份好的工作，所以上大學前常聽到這樣的叮囑：「你什麼都不用想，好好讀書就行。」

一旦大學畢業，他們的口頭禪立馬變成了「你什麼都不用想，趕緊多賺點錢」。

就這樣，只不過隔了短短四年，很多人接觸到的生活從一個極端走向另一個極端，很多人也因此走了很多彎路，比如大手大腳、提前消費甚至超額借貸。

別以為寄望於別人就能改變這個問題，專家當然能給我們指點，專業人士也能給我們幫助，但那些都是外力，在物質財富積累和自身意識覺醒上，僅靠外力顯然是不夠的。

明白這一點之後，我便開始修正自己對金錢的態度，並且開始把它們記錄下來。

3

從2005年開始，我開始記錄自己在財富之路上的思考、嘗試與收穫，包括現在看起來走過的很愚蠢的一些彎路和受騙經歷，有些也被同步到了社交媒體上。從最早的傳統媒體，到後來的BBS（論壇）、博客和微博。

　　這些紀錄便是「人人都愛錢」系列文章的由來，在博客時代它們為我帶來了百萬點擊量，微博時代它們為我引來了百萬關注者，付費閱讀時代更幫助我完成了百萬訂閱量。

　　靠著這些年的不斷嘗試和思考，我過上了自己想要的生活，也為家人提供了更好的物質條件。

　　我再也不是當初那個羞於談錢的年輕人，因為追逐財富的過程也是一個與人性弱點不斷鬥爭、對其不斷修正並提高的過程。

　　普通人的財富之路就是這樣，既要有頭腦，又要有嘗試，更要學會依靠時間，一步步走到明天。

4

　　2019年「人人都愛錢」系列文章的第一輯《遠離迷茫，從學會賺錢開始》結集出版，當時很多人疑惑：我又不是專業人士，怎麼會去寫這樣一本書？

　　因為在追逐財富的過程中，我經歷了太多波折，走了太多彎路，也繳了太多學費，但作為一個普通人，很難聽到對症下藥的解答和幫助。

　　很多專業人士說的都是玄而又玄的專業術語，再不就是：如果你有100萬，你應該如何做？

　　可作為普通人，我們要解決的並非站上山巔後怎麼做，而是如何從山腳爬上山峰，哪怕半山腰也行。

　　讓我沒有想到的是，它成了我銷量最高也最受讀者歡迎的一本書。

5

如果說對普通人而言物質財富的積累猶如一場戰鬥，那麼戰鬥就必須要有子彈（投入本金）、戰術（短期計畫）和戰略（長期策略）。

從這些年我自己的體會來看，要想在物質財富積累這件事情上有所收穫，三者缺一不可。可現實中，很多人要嘛只有1和2，沒有3；要嘛只有2和3，乾脆沒有1。

所以，現在又有了這本《理財小白的財富戰鬥》。

它比上一本書更具體，也更深入，依然來自生活中跟錢有關的每個方面——生活、工作、積累、理財……這裡並沒有貪婪、快速致富的捷徑，有的只是腳踏實地、穩紮穩打的財富增值。

始終覺得，當年我這個普通人可以做到的，絕大多數人都可以做到。

至於中間的波折、跌宕和坎坷，別害怕，跟生活真槍實彈的風險相比，這真的不算什麼。

這是屬於每個理財小白的財富戰鬥。

測一測你未來有可能變成財富超人嗎？

你的理財思維、戰術和戰略，決定了你未來會不會變成財富超人。在開始財富戰鬥之前，請先認真回答以下問題，測測自己的財富戰鬥力吧！

每題選「是」計1分，選「否」不計分，最後計算出總分。

掃本頁二維碼可進行線上測試、自動計分，並查看你的財富戰鬥力解析。

準備好了嗎？開始測試吧！

1. 你會對錢和未來感到焦慮嗎？
   是（　）　　否（　）
2. 如果想降低這種焦慮，你知道該怎麼做嗎？
   是（　）　　否（　）
3. 你知道最適合普通人的投資理財方式是什麼嗎？
   是（　）　　否（　）
4. 你知道應該從月收入中拿多少比例進行投資理財嗎？
   是（　）　　否（　）
5. 你覺得你能不能堅持投資理財？
   是（　）　　否（　）
6. 如果堅持不下去，是不是自身的原因？
   是（　）　　否（　）
7. 你有沒有嘗試學習過理財方面的知識？
   是（　）　　否（　）
8. 你覺得是否有風險低、收益高的理財專案？
   是（　）　　否（　）
9. 即使市場形勢大好的時候，你也認為不能借錢去理財？
   是（　）　　否（　）
10. 你是否願意多花一點時間來學習理財？
    是（　）　　否（　）

微信掃一掃，
解析你的變富潛力

目錄 | contents

第五章　讓時間幫你賺更多的錢

第一章

開始理財之前，
該想些什麼

跟普通人息息相關的
四點財務備忘

> 對於普通人來說，與其考慮所謂財務自由，
> 不如想想我們是否已經做到這四點財務備忘。

　　針對普通人投資理財這個領域，我的絕大多數文章並沒有太多宏大主題，也沒有特別虛幻的目標，因為兩者都會顯得有些不切實際。我更願意和大家一起探討如何解決生活和成長過程中那些跟錢有關的種種問題，包括賺錢、花錢及借錢。

　　因為都是一些基本方法和思路，有些心急的朋友不太滿意，特別是那些對現狀不滿、希望靠金錢迅速累積以解決自己的生活問題，甚至改變自己的未來和人生的朋友：

　　「你能不能告訴我怎樣才能實現財務自由？」

　　「對不起，真不行。」

　　「那為什麼別的書都會講年輕人應該儘快實現財務自由？」

　　應該仔細觀察一下那些講的人，他們自己是否真的已經實現了財務自由，或者說他們是不是正琢磨著靠你錢包的錢實現自己的財務自由……

對不起，又說大實話了——這雖然是大實話，但是在很長一段時間內被人視而不見。

在過去的這幾年當中，「財務自由」真的是一個很流行的詞，對年輕人的誘惑格外強烈——在各個社交網路平臺上，有很多打著「財務自由」旗號的付費課程，其實都是這個路數。

那時候國家的經濟形勢一片大好，發展速度如同奔馬，彷彿遍地都是機會，但這種情況在2018年之後慢慢發生了變化。具體是什麼變化，看一下各行業發展增速、整體經濟資料以及普通人的自身感受就知道了。

並不是說經濟不發展了，而是發展得比以前慢，而且更講求發展品質了。

此時普通人不得不面臨著一個很現實的問題：關於錢，我們必須思考得更加務實一點，不能再跟以前一樣做狂飆突進的夢——突然很多人發現自己收入開始下降、連升職加薪都出現困難，這時還鼓吹什麼財務自由？

不信，那就問幾個現實一點的問題吧：

馬上過春節了，發年終獎金了嗎？

第二年會加薪或者升職嗎？

有獵頭公司跟前幾年一樣窮追不捨打電話邀你跳槽面試嗎？

⋯⋯

很多答案都是否定的。

這是否意味著我們不應該談錢？或者說，我們提出一些跟錢有關的構想是不切實際的？

不，越是在這種時候，越應該確立清晰的目標和計畫。

1

備忘一：別想什麼財務自由，先樹立一個財務目標。

把這個問題放在第一位是因為絕大多數接受傳統教育的我們，對錢的概念常常是在經歷了挫折或者遇到了難處後才發現或有所體會的。

比如那句「一分錢難倒英雄漢」，很大程度上是因為大家突然意識到了錢的重要性。

需要說明，財務目標和財務自由完全是兩回事：財務自由是一個最終的目的，而財務目標常常只是一個短期目標。

對於大多數普通人而言，貿然去談什麼財務自由更像是一點水也不帶卻準備穿越沙漠，這是一個看上去很美麗卻又冒失的舉動，一旦掉進坑裡必然九死一生。

但是樹立財務目標是每個普通人都應該儘早有的意識。

舉個很簡單的例子，很多年前我在實習的時候，一個月收入是800元，當時我的目標就是一定要攢夠6000元。

為什麼是這個數目？

因為那時候北京一個一居室的房租大概是1200元（別被這個數字嚇到，那是20多年前），押一付三，再加上水、電、瓦斯、電話費等費用，有了6000元存款就可以解決前三個月的租

房和居住問題——這6000元就是我當時的財務目標之一。

再舉一個例子，我工作第一年月薪是4000元，而我計畫兩年以後月薪能夠上升到6000元，比當時提升50%——達到6000元的月薪，也就是我的另一個財務目標。

財務目標，通常而言是一個時期內的目標，或者說是在某個固定時間內（比如一年）的目標。

為什麼要制訂財務目標？因為相比其他，它是檢驗我們工作或者生活是否不斷向好的方向發展最簡單的方式。

如果你在規定時間內達成了這個財務目標，那麼就說明在這期間你的努力卓有成效；反之，則說明你的工作或者生活存在一定的問題，需要進一步優化。

上面兩個例子中涉及的財務目標相對簡單，也比較好完成。可以看作一個短期的財務目標，在它之上則是中期財務目標。

中期財務目標更大，涉及時間更長，完成難度也會更大，比如三年內買車、五年內買房安家等等，都可以算是我們的中期財務目標。

樹立財務目標的另一個原因，它就相當於一個靶子——有了這個靶子，我們才會知道下一步應該朝著哪個方向努力，同時知道我們還缺什麼，應該如何去彌補。

很多人其實沒有財務目標的概念，常常都是事到臨頭才發現缺很多錢；或者很長一段時間內覺得內心茫然，該做點事情卻又無從下手。

這時候，樹立一個短期的財務目標是最對症的解藥。

　　制定財務目標的時候，未必要給自己制定一個多麼高遠、看上去多麼金光閃閃的目標，相反，應該制定一個你踮著腳可以搆得著的目標，即略微比你現在的標準高但又不至於太高的目標，這樣才能要求自己不斷前進。

2

備忘二：自己樹立的財務目標，累到吐血都要完成。

　　任何一個目標，不管它是長期目標還是短期目標，不管它看上去是容易還是困難，如果你不去努力把它完成，那麼它就只是鏡中花水中月，沒有任何價值。

　　我們常常聽到一句話：

　　「我2022年一定要完成2021年制定的2020年應該實現的2019年的計畫……」

　　這雖然是開玩笑的口吻，但是在現實生活當中，很多人真的是這麼做的。

　　他們2019年制定了目標，2020年制定了目標，2021年也制定了目標，當然2022年也不例外，但是沒有一個真正完成，每一年都制定目標只是讓日子看上去有點前途，至少貌似挺勤奮的。

　　可是不盡力地想辦法去完成，這樣的目標有什麼用？

　　我大概是從十年前開始，每一年的第一天都給自己列這一年要做的十件事，比如2020年的第一天我給自己列的目標是：

1. 150 天，保持身體健康；

2. 100 篇新文章，爭取再出一本新書；

3. 30 本好書，擇優推薦給讀者；

4. 出國旅行至少一次，好好放鬆；

5. 開個長篇小說連載；

6. 帶小朋友繼續跑步；

7. 多賺點錢，但不准炒股；

8. 繼續捐助孤殘兒童公益慈善項目；

9. 工作上做減法，調整重心，不要強求；

10. 去五個陌生的地方，聊幾次有趣的天。

這些目標有些很具體，有些則相對模糊，但其中有一項一定是跟賺錢相關。

通常我會私底下給自己這一年定一個財務目標，可能是 5 萬、10 萬，或是 20 萬、30 萬，或者根據上一年的情況和當時的狀況，定下一個增長比例，到了年底總結的時候，就會知道究竟完成了沒有。

其實用不著到年底，每一年七八月份，一年過半，心裡就有數了：今年的目標能不能完成？如果不能，問題出在哪裡？是否需要調整？

舉個很現實的例子，2018 年因為現實環境和生活方面種種影響，我在下半年的個人財務表現遠不如上半年。當我意識到這點之後，很快進行了調整，最後雖然整體不及預期，但是還算接

近了目標。

　　再比如2020年，因為疫情的關係，導致十個目標中的第四個和第十個直接泡湯，而收入也因此受到影響，這時候就需要考慮是否應該調減目標。

　　很多人制定了目標之後，走到一定階段看到有可能完成不了，立馬洩了氣。其間沒有考慮為什麼會出現這種情況，也沒有想辦法補救，就直接放棄了。

　　失敗是成功之母，這話是有一定道理的：

　　你為什麼沒有完成？

　　是你自己的問題，還是環境的問題，或者是行業發展的問題？

　　如果是自己的問題，請及時調整；如果是行業的問題，是否需要換一份工作？

　　……

　　如果說制定財務目標是立靶子，那麼實現這個財務目標的過程就是我們學會瞄準靶子前進——在我看來，後者比前者更重要。

3

備忘三：財務自由並不重要，但財務自控非常重要。

　　為什麼說財務自由不重要，因為人在不同階段總有不同的目

標，相應地，在不同階段實現所謂的財務自由的要求或標準也不同。

比如我們在20多歲的時候基本都是單身漢，一人吃飽全家不餓，那時候似乎只要月薪賺到一兩萬就已經覺得很自由了，如果結了婚，這點錢又算不得什麼了。

好不容易爬到月薪三萬了，已經比以前的收入高多了，可這時候你又多了孩子，或者說家裡父母生病了，你會發現這筆錢同樣也會捉襟見肘。

所以，人在20、30、40和50歲各個階段的財務自由，難度都是不同的，但是財務自控是人在任何一個階段都應該對自己提出的要求——這種自控指的是確保我們完成財務目標的能力。

比方說很多人在開始進行基金定期定額的時候，我都會提醒他們，基金定期定額是長期投資，至少在三到五年之內不能退出。他們都會點頭說「好好好，沒問題」。

一旦行情不好，大盤下跌，基金淨值出現下滑，他們就開始提心吊膽，然後把自己以前說的話拋到腦後，一咬牙把基金全部贖回；

沒想到大盤這時候見了底，並且迅速回升，這時候他們又有些後悔了，再度花更多的錢把它買回來；

沒想到大盤並沒有像他們想的那樣扶搖直上，反而再次下跌，他們又開始後悔，生怕基金再砸在自己手裡⋯⋯

結果一來一去，光是手續費就至少損失了2% ～ 3%。幾個

回合下來，因為主觀情緒導致的自己無謂損失就達到了 6%，甚至更高。

像這種明明已經制定了計畫，卻不斷打破計畫，在朝目標前進的過程中忍不住想放棄的，都是沒有財務自控力的表現。類似的現象，生活中比比皆是。

所以，當你計畫一年要存一萬塊錢，請你一定要完成，不能在存到八千的時候就覺得可以幹點其他的了，反正只是差兩千。如果你有這樣的想法，那對不起，你完成那一萬的目標可能遙遙無期。

怎麼說呢，如果說自由是一種目標，那麼要達到這樣一個目標，我們常常需要做很多不自由的事，包括要求自己必須按照一定的步驟、節奏去工作。

不要覺得這很簡單，這真的不簡單，因為很多時候在面對金錢這件事上，人的隨意性會體現得特別明顯。

培養自控力，其實也是我們每一個人自我成長、自我成熟必經的過程。

我妹就有過類似的教訓。

兩三年前她有了些積蓄，於是告訴我她特別想投資做一個項目，恰巧我對這個項目比較瞭解，覺得前景不好，另外不可控成本很高，所以極力勸阻她。但是我妹完全聽不進去，她甚至想辭職、全職幹這事兒，遭到我的堅決反對。

我妹當時心癢難耐，最後我倆只好各退一步，我說你可以嘗

試去做，但是你一定不能辭職，用業餘時間去做，這樣至少你還有條退路。

果不其然，那年我妹做的那個項目跟我預想的一樣，發展得並不順利。當時一拍腦門想做的事，不斷在增加計畫外成本，又因為市場不如她預期的那麼好，結果虧了很大一筆錢。

快到年底的時候她又來跟我商量，我告訴她趕緊終止，哪怕虧錢也要及時抽身而退，否則就會越陷越深。

回過頭來，我妹自己總結：

真的不能光憑熱情去做事情，也不能自己一旦覺得好就興沖沖去做，必須做充分的準備——所以所謂的自控，不僅僅是在針對計畫上，也在針對欲望。

4

備忘四：在做財務自由夢之前，請先想想財務風險吧。

這是一再跟大家強調的問題，為什麼？因為我自己吃過虧！

風險永遠是我們生活中如影相隨的東西，也是最容易改變普通人生活水準和狀態的事情，說得更直接一點：

你今天所做的一切，不管是工作、學習、運動，其實都是為了應對生活中不斷出現的未知機遇和風險；機遇的確會讓我們加速成長，同樣，風險也會考量我們的承受力。

需要注意的是，大多數人在年輕的時候很容易只考慮機會，覺得自己時間一大把、可能性一大把，卻不考慮那時候風險同樣

也很大。

比如說年輕的時候賺得少，一旦你的財務發生赤字或者遇上突然出現的問題就不得不面臨財務困境，這也是那麼多年輕人深陷信貸泥淖的原因。

我們在人生不同階段會面對不同的財務需求，同樣，也會面臨不同的財務風險──

年輕的時候需要有職位的穩步上升，到了一定年紀需要有愛情或者婚姻，婚後可能有孩子需要撫養……

年輕時候的風險是你的積累、努力是否能夠帶來職業的穩步上升和發展，然後支撐生活的變化和要求。

到了中年階段，常常要面對職業發展的二次變動、贍養父母，以及保證全家人的身體都健健康康，不出問題。

這時候，你會看到很多人本來似乎已經做得不錯了，卻因為一場病或一次突發事件一夜間風雲變色。

這個階段的風險就成了你的資源、人脈能否應對「中年危機」，健康狀況和物質條件能否不影響你的生活水準。

就算沒有這些突發事件，投資、生活、職業、感情……我們的人生路上哪裡不是風險？

從這個角度看，你應該更能理解那句話：

對絕大多數普通人來說，我們之前所做的一切努力，不僅是為了抓住機會，同樣也是為了對抗風險。

至少不能生活一有點風吹草動，我們就被打趴下了。

　　樹立財務目標，然後一步步提高自己的能力；我們的自控是對自己提出更高的要求和約束，最終隨著能力的水漲船高，我們應對風險的能力也會加大……這才是對於大多數普通人來說，最正確的財務規劃。

　　這並不是說只要有了錢，你就能解決所有的問題，但是至少那些因錢而產生的問題，不會再影響我們前進的步伐。

　　所以對於普通人來說，與其考慮所謂財務自由，不如想想這四點財務備忘我們是否已經做到：

　　是否有清晰的財務目標？
　　是否能努力完成這個目標？
　　是否有強大的財務自控力？
　　是否能抵抗住財務風險？

　　因為我們要面對的不僅是收入和支出的變化，也有時代和環境的變化，更有每個人能力和欲望的變化。

　　不管外界怎麼變化，最終需要提高的是我們自己，而不僅僅是用看上去特別漂亮的語言，給自己畫個大餅。

　　誰又能知道，當我們真的到了一定階段，會不會實現真正的財務自由呢？

夢想賺很多錢，
先做一份誠實的規劃

> 一份規劃至少可以擋掉80%的意外煩惱，剩下的20%，對於一個不斷成熟、閱歷和能力不斷增加的人來說，並不是問題。

託上一本書《遠離迷茫，從學會賺錢開始》的福，有段時間我的微博忽然多了很多新讀者，他們大多是看了上一本書後，按圖索驥找來的。

他們說，看這本書之前很少琢磨理財的事，雖然覺得錢很重要，但並不知道該如何面對賺錢這件事。

還有的人問得更直接：

「刀哥，你就直接告訴我，怎樣才能賺大錢？或者怎樣才能快點賺到錢？」

對不起，這個我真回答不了。我要知道能輕鬆迅速賺大錢的方法，還會告訴你？

即便是現在這個階段，我的錢也不是在很短的時間內就賺到的。

錢在什麼時候才會顯得特別重要？當然是你缺錢的時候。

所以我寫的理財文章都是在過去20年中，為了不讓自己缺錢總結出來的經驗。是的，整整20年，任何一件小事放在這麼長的時間內都可能變得完全不同。

在賺錢這件事情上，不同的人有不同的答案，但就算答案再不同，也有一定的共同點。

1

很多朋友最開始理財的時候都問過類似的問題：

刀哥，我是一個理財小白，看了你的書之後，特別想開始我的理財計畫，請問我應該怎麼做？

不，先別急著做，先梳理一下自己，然後做出一個屬於自己的規劃。貼合實際的規劃，就是我說的共同點之一。

不管是百萬富翁、億萬富翁還是普通人，在真正決定做某件事之前，一定是先做一個整體規劃。賺錢也是這樣，這個規劃通常會包括以下幾個方面：

1. 目標；
2. 時間；
3. 方式。

目標很簡單，那就是我們希望達到的目的。

時間更簡單，就是我們需要多長時間完成這個目的。

方式好理解，就是我們用什麼樣的方式實現最終的目標。

說得更明確一點，如果賺錢只是一個大方向，那麼這個規劃足以讓這個大方向變得清晰明確，把賺錢這個本來虛無縹緲的設想，變成一個又一個可供篩選和比較、能夠理解和執行的具體方法。這就簡單了很多。

很遺憾，很多人只對賺更多的錢感興趣，卻對規劃這件事情不太擅長，甚至覺得多此一舉。「我還能不瞭解自己嗎？這世界上還有人比我更瞭解自己的嗎？我當然知道自己要什麼，既然這樣，規劃有什麼用？」

當然有用，很多事情絕對沒有你想的那麼簡單，規劃就是這樣。可以這麼說，十個不知道如何實現自己財富夢想的人裡，至少有九個都沒有給自己做過規劃，或者不知道如何做規劃。

有些朋友是做了規劃的，但是這些規劃都過於簡單粗糙。如果按照這種簡單粗糙的規劃執行，做著做著就會發現跑偏了，然後要嘛回頭彌補，要嘛從頭再來。無論哪種都是對時間、精力的浪費，特別不合適。

2

規劃中的第一條就是你自己的財務狀況。

在很多人看來，財務狀況不外乎兩大方面，一方面是收入，另外一方面是支出——這沒問題，但實際上並不是這樣。

或者說，絕不僅僅是如此。否則為什麼一件看上去那麼簡單的事，實際上很多人都做得不好？

先說收入情況，大部分人對此的答案非常具體和明確，比如每個月5000元、1萬元或者2萬元。

如果再問一個問題，在未來幾年中，你的收入有可能會以怎樣的幅度上漲時，大家的回答就有點含糊了。

其實這是一個比較重要的問題。

你能一口說出來的具體數字，其實只是你現在的收入；你在未來三到五年有可能達到的目標則是你在可見的未來能獲得的收入，或者說它是你的預期收入。

這兩個數字，一個是短期的，一個是遠期的。在計算收入的時候，絕對不能只計算眼前的收入，也要對未來的收入有所考慮，因為這對後面要做的事情非常重要。

再說你的支出。

很多朋友會簡單地把支出理解為生活開銷，這當然沒錯。生活開銷通常是指我們每個月的吃穿用度、房租水電、交通開支、通信開支等等，但跟剛才說的短期收入一樣，這些其實也只是支出的一部分。

說得再簡單一些，生活開銷基本都是小數目、高頻次的支出，我們經常用到，所以說到支出第一反應就會想到它們。

而那些低頻次、大數目的支出，因為不太常用，我們常常會把它們忘在腦後。

比如教育費用，這裡所說的教育費用不僅包括子女的教育費用，同時也包括我們自己為了提升自我價值的繼續教育費用。

還有健康費用，這裡面不僅包括我們身體出現健康狀況時需要進行的醫療救治的花費，也包括我們在身體還沒有出問題時的「保養」費用。

還有保險費用，這裡面不僅包括我們為醫療、養老提前進行的規劃，也包括為意外、失業等特殊情況準備的保障性費用。

有些朋友會說，我現在沒孩子，父母還很健康，為什麼要把這些也算到我的支出裡去？

請允許我說一句實在話：如果你在沒有遇到這些情況的時候不考慮這部分支出，那麼當你遇到了這些情況，多半會手足無措、無力承擔。

難道你準備到時候才哭天抹淚寄希望於別人的同情與憐憫嗎？

實際上很多人做的財務規劃中，收入只包括眼前的收入，支出也只包括眼前的支出，這肯定是有問題的。

3

除了財務狀況之外，這份規劃還必須包括健康規劃。

要記住，一個人的健康規劃是他的財務規劃得以順利進行的最重要保障。包括這個人年齡所處的階段、健康狀況、可持續工作時間以及在未來是否需要特別留意哪些方面等等。

　　舉個例子，如果你是20～30歲這個年齡段，通常健康狀況都會比較好，工作和生活的健康壓力也會相對較小。

　　如果你是在30～45歲這個年齡段，那麼你已經進入中年階段，健康狀況就要多加注意，否則就容易出問題。

　　一旦邁過45歲，你就要多考慮體力和精力的下滑給工作帶來的影響，比如工作時長、勞累程度等。

　　如果過了60歲進入老年階段，那麼就要考慮到防病需求，尤其是一些大病的治療。

　　之所以把這些階段都梳理出來，是因為在生活中，我們的健康狀況和收入常常是成反比的：

　　在我們年輕、身體條件最好、健康狀況也最好的時候，我們的收入常常是最低的。

　　到了中年階段，收入上來了，我們的健康狀況開始下滑；到了老年階段，我們不僅有退休收入，還會有子女的照料，可那個時候我們健康狀況的壓力是最大的。

　　兩相對比，就應該知道我們在理財規劃上需要怎麼做：

　　1. 在年輕的時候多為將來打基礎，到了年老的時候才能更多地享受到以前未雨綢繆帶來的好處。

　　2. 持續向好的身體不僅會減少你的醫療開支，還會增加你的收入，因為任何一個工作都需要你精力充沛、體能充分。

　　3. 我們當然也可以等到出問題再彌補，但在還沒出問題時就有所考慮，你為之付出的成本無疑是最低的。

4

規劃的第三方面就是我們的社會關係，其中首先是我們自己工作所屬的行業變化。

舉一個例子，前幾天有一個前同事告訴我，我最早工作的那個單位效益下滑非常嚴重，業務接連收縮，可能面臨裁員。

你知道嗎？在20年前，那家單位在全國都赫赫有名、引人注目，每個人都擠破了頭想進去，一天的廣告收入曾高達300多萬。

可是短短20年之後，整個行業的變化急轉直下，如果我依然在那個單位待著，一旦遇到什麼事情估計也得硬著頭皮上眾籌網站求助了。

這就是對社會關係進行規劃最簡單的例子。

我們在這份規劃中之所以特別鄭重地談到社會關係，是因為它決定了我們在這個行業中的發展前景，並且直接關係到我們的收入預期。

因為只有在朝陽行業，你的收入才能有可見的、持續的增長，行業一旦進入下行階段，那就比較難了。

一旦你處在不景氣行業，改變行業是自我提升很重要的方式。

除了工作的社會關係之外，我們個人的社會關係就集中在感

情生活或者家庭關係上。

　　比如配偶的經濟能力、經濟前景、收入是否穩定，以及能否共同達到想要的目標；如果不可以，是不是應該建構一道經濟風險「防火牆」？

　　實際上很多人平常根本不會考慮那麼多，事到臨頭才發現天塌地陷。

5

　　經歷了以上三個部分之後，最後一部分才是我們的目標——計畫賺多少錢、用多長時間完成這個目標，以及用怎樣的方式去實現這個目標。

　　正因為我們已經對收支情況、健康情況、社會關係進行了仔細梳理，再次回到這個理財規劃或者賺錢目標的時候，心裡肯定踏實多了。

　　如果我們的遠期目標是20年賺到500萬的話，按照每年的複利8%來計算，我們每年至少需要投入10萬元。

　　這個規劃看似很簡單，實際上你會發現周圍並沒有那麼多人透過這個看似簡單的傻瓜理財法，在20年以後獲得500萬的收益，為什麼？

　　因為很多人沒有考慮到收入前景，在剛開始的階段每年投入10萬元，對於很多年輕人基本不大可能，因為收入可能都沒有

達到10萬，所以常會選擇放棄。

如果考慮到職業發展及健康前景，我們就會知道，以後的收入肯定會遠遠超過這個數字，所以到時候再把這部分補齊就好。

其實這是一種「雙倒掛」的規劃方式：

在前期健康條件好的時候，我們的收入低，投入可以低一些，但是要花更多的時間；

到了中期，收入提上來了，健康狀況開始下降，投入要相應上升，時間也會縮短；

進入老年階段，面臨著更大的健康和收入降低的壓力，前面幾十年的積累已經足夠我們應對生活的風險，到時候反而能節省時間。

很多人就是沒扛住第一個階段，因為時間通常是最難熬的。

6

無論哪個階段，都可以按照一定的比例持續投入理財。

對大部分年輕人來說，我以前說的「三三制」很實用——

每月可支配收入的30%用作現金儲蓄，30%拿來做定期定額投資（包括基金、債券、理財或其他，我是選擇了基金），還有30%則作為日常備用，這部分備用累積到年底可以轉化為一次性投入，其餘的10%則是固定的保險和健康開銷。

　　這種資金分配方式至少在35歲之前都是行之有效的。

　　一旦你結了婚、有了孩子，面臨著扶養父母、孩子教育這些現實的支出問題時，你的收入多半也已經漲了，這個時候你可以做相應的調整：

　　比如現金儲蓄部分由30%降到20%，定期投資部分也可以降到20%。別擔心，儘管比例下降了，但由於你收入的基數變大了，絕對數量並沒有變化；

　　而多出來的20%，則固定作為孩子教育資金，要知道教育開銷是很大的，你不可能到那個時候再掰著手指頭算錢。

　　而剩下30%的備用金以及10%的健康保險投入保持不變。

　　這樣不管你面臨什麼情況，都足以淡定地面對生活的各種問題，最關鍵的是它帶給你的那份踏實感，能夠消弭掉很多不確定性導致的心理恐慌。

7

　　做完了這個規劃之後，再回頭看看先前的那些問題，是否心裡就踏實多了？

　　這樣的一份規劃當然不可能把所有的問題都考慮進去，也不可能解決我們生活中所有讓你措手不及、意料之外的變化。但是相信我，以我這麼多年的經驗，它至少可以擋掉80%的意外煩惱，剩下的20%，其實對於一個不斷成熟、閱歷和能力不斷增加

的人來說，並不是問題。

那麼，做這個規劃的時候最怕的是什麼？

是我們的心思飄忽。

尤其是在年輕的時候，因為錢太少而心生退意，覺得錢太少，自己完全可以不管不顧，結果養成了「月光」的習慣，這樣財神可能會躲你一輩子。

好不容易收入增加了，卻又心生自滿，總覺得世間一切盡在掌握，大手大腳，揮霍無度，真當變化出現時可能很快就崩潰了。

一個現實的例子就是，甲骨文在很多人眼裡是個多好的公司，頂級外企，收入豐厚，結果前段時間傳出裁員消息。雖然補償標準已經是業界最高，但如果你是一個四十多歲的人，在此時失業，你還能輕易找到像樣的工作嗎？

我們不能等到自己真的到那個時候才開始想辦法，在這之前就應該做充分的準備。這並不是說我們要準備失業，而是不管失不失業，我們都要有足夠的經濟實力維持相應的生活。

就像我現在，失業或裁員，我都不害怕。

如果大家因為這本書對於理財產生了一點興趣的話，也請你一定要按照這樣的方式進行梳理和規劃。

不妨問自己幾個問題：

你如何評價自己的收入？

你如何評價自己的淨資產？

你如何評價自己的投資理財知識？

你如何評價自己的總體財務情況？

如果五年以後你的財務狀況和現在一樣，你會滿意嗎？

如果你不滿意，你覺得應該怎麼做？

……

這些問題考慮得越早，你未來遇到的麻煩就會越少。

因為一個人成熟的標誌，首先就是要有穩定的經濟能力。這個經濟能力跟我們能賺多少錢有關，更和我們思考金錢的方式有關。

那些雄心勃勃的理財計畫
最後為什麼會變成笑話

> 對於很多年輕人來講，讀書的時候父母不讓他們擔心錢，工作了之後就讓他們一致向「錢」看。絕大多數人並不能那麼自如地切換視角，只能自己悶頭向前走。

經常有讀者問：對普通人來說，投資理財真的能賺錢嗎？

當然可以，賺錢的前提是你要能承受得住虧錢的壓力和煎熬。

比如從 2017 年下半年開始到 2019 年初，長達一年多的時間裡，大盤一直在下跌，最多時下跌 30%，即便是定期定額的基金也出現了虧損。

那時候，讀者群裡的人陸陸續續少了很多，剩下的也都安靜極了，很多人都心如止水、看破紅塵，彷彿已經忘了這件事。

沒想到的是，2019 年春節剛過，A 股股市便不斷發「節後紅包」，轉眼間就從 2500 多點上漲到超過 2900 點。

就這樣，從 2017 年下半年開始，長達一年多下跌所導致的虧損在短短一個多月內就被挽回了，而且有了 10% 以上的收益。

10% 多嗎？

並不多，但是還應該想到一個問題：現實生活中能讓普通人安然賺取 10% 收益的理財方式其實也不多，有的甚至是騙局。

即便是這 10%，也不是每個人都能獲得的。

當我興高采烈地將大盤連續上漲的消息在讀者群裡分享出來時，發現有些人並沒有那麼高興。

他們悄悄給我發私信：刀哥，我現在買還來得及嗎？

咦，不是說好基金是長期投資、至少定期定額三年嗎？

那邊羞答答地說：

「之前看一直下跌，擔心就這麼一直跌下去，沒跟你說就偷偷賣了……」

我都不知道該說他們什麼好，之前言之鑿鑿、拍著胸脯能堅持下去的定期定額計畫，居然說停就停了。等再想恢復，已經來不及了。

就像生活一樣，你提心吊膽的很多事其實並不會發生，真正發生的卻讓你始料未及。

1

很多年前，我即將踏入社會的時候，腦子裡還是一些「文青」想法。希望一切都自然天成，統統來自心中純潔而單純的夢想，最重要的是希望它們跟錢都扯不上什麼關係。

那段時間幹了很多特別傻的事兒。比如說有一年冬天聽說北京有獅子座流星雨，我就跟一群同學約著到昌平郊區去看流星

雨。當時滿腦子想的都是特別浪漫而簡單的事，結果沒想到那天正值北京隆冬，還遇上降溫，我們低估了北京冬夜的低溫，等到半夜，流星雨沒等到，自己卻差點被凍死。

大約扛到凌晨兩三點鐘，實在受不了，我跟朋友說：「不行，再這樣下去肯定得生病，我們得趕緊回去。」朋友也凍得渾身打哆嗦，早就希望有人提出這個想法，幾個人連忙往回走。

那時候昌平這樣的地方還沒有地鐵，凌晨兩三點路上連一輛車也沒有。我們又冷又餓，實在沒有辦法，跑到路邊一處民房去敲門。

因為時間太晚，估計人家以為我們不是好人，半天才有人吼了一句：「你們幹嘛的？」

我們有點不好意思地說，我們是過來看流星雨的，因為天實在太冷，現在又太早回不去，不知道能不能在屋裡待一下。

又過了半天，才終於有一個老大爺出來開了門，堵在門口把我們幾個人上上下下地打量了一番，可能是覺得我們真不太像壞人，這才把我們放進去。

我們心裡使勁感謝那老大爺，沒想到他把手一伸。我們一愣，他說：「這麼晚可不好意思白待吧，按人頭算每個人200元……」

我們傻了眼，一個性子急的哥兒們說：「不就待幾個小時嗎，還收錢呢？」老大爺說：「你也可以不交，出去就是了。」

最後六個人好說歹說給了他900塊錢，讓我們待到早上。那時候的900塊啊……

老大爺轉身的時候嘴裡還在嘟囔：「看什麼流星雨，一天到

晚沒事兒幹了嗎？」

那天晚上其實大家都沒怎麼睡著，可能因為房間裡有點臭，也可能因為我們六個人擠在一起很像遊民，更可能因為沒看見流星雨以及心疼那900塊錢……以至於很多年以後我們聚會時還總把這事當笑話來講。

這是成年以後生活給我們上的生動一課：

很多時候你以為生活是「自帶八塊腹肌」，到頭來發現根本就是「天然爛泥一灘」，你都不好意思看鏡子裡的自己。

2

後來在報社工作的時候，每天面對的就是報紙版面，每當翻到財經版就會下意識地把那頁翻過去，因為覺得這一輩子永遠不可能跟錢扯上關係。

對一個文化人而言，錢那玩意兒，多不高貴啊。

結果在我工作第一年，偶然聽到父母的一段談話才知道，當時父親動手術花了很多錢，以至於從來沒有為家裡吃穿用度著急過的母親也開始了精打細算。

我問母親為什麼不把這事兒告訴我，母親卻說那段時間我正在北京為工作的事情忙得焦頭爛額，他們離得太遠，也幫不上忙，所以乾脆就沒說。

我一聽就跟母親說，告訴我花了多少錢，我來出──當時我還興沖沖地想，現在我也開始賺錢了，也要為父親的手術費盡一

份力。

我媽見我這麼說，應該也很感動，然後說了一個數字，卻把我嚇了一跳，因為它……完全超過了我的預期，不，具體地說是我之前對於動一次手術需要花多少錢完全沒有概念，當時我一個月賺的那幾千塊錢對於這個大手術來講根本微不足道。

我媽看出了我的尷尬，一下就笑了：沒關係，有這份心就行了。

過了幾天，她還是私底下跟我說：

你現在工作了，也有能力養活自己了，但是未來可能會面臨很多的事情，你要養活的可能也不只你一個人，所以不能再像以前那樣天馬行空地過日子了。

這番話說得很對。

在這之前我一直生活在學校裡，每個月從父母那裡領生活費，後來拿過獎學金，也曾做過家教和一些簡單的兼職，基本沒有因為錢發過愁。也正因為如此，我從來沒有想過動手術需要花多少錢，術後康復需要花多少錢，持續治療還需要花多少錢，更沒有想過這筆錢對於一個普通人家來說意味著什麼。

另外我還有個妹妹，我大學畢業的時候她接著上大學，所以我離開大學校園並沒有讓父母的壓力減輕。

那天晚上，我也沒有睡好。

3

後來，我鼓起勇氣開始學著投資理財，結果一進去就虧了個「披頭散髮」。

那是 2000 年左右，中國股市正邁入階段性高點，啥也不懂的我就這麼衝了進去，酷愛打聽各種神奇的小道消息，酷愛快進快出想著賺快錢，最後連錢是怎麼虧的都不知道……

差不多過了四年，當我人生第一次走過一個完整的「牛熊交替」的過程後，我才不得不承認，在投資市場裡，賺錢這件事好像並沒有我想的那麼簡單。

跟聰不聰明沒關係，跟學歷高不高也沒關係。

就像我現在寫的這些跟投資理財有關的文章，每一篇的閱讀量都很高，也獲得很多朋友的認可，甚至有人因為這些文章開啟了投資理財之旅——這聽起來是一件特別好的事兒，至少比我當年強。這十幾年的牛熊市不斷轉換，教育了一大批從來沒有經歷過金錢考驗的普通人，大家已經不像以前那樣小白了。

就算這樣，這個過程也並不是一帆風順的。很多人看了我的文章之後開始嘗試基金定期定額，一開始我也會告訴他們，要長期投資，不要在乎一時漲跌，一定要堅持。

但是現實情況經常出人意料。行情好的時候，很多朋友都會覺得「對，你說得太有道理了」；一旦行情開始下跌，他們心裡就會出現各種各樣的問題：

刀哥，我是不是應該賣了？

刀哥，股價會不會一直跌沒了？

刀哥，基金這麼虧，什麼時候行情才有可能回來呀？

……

還有人就像我文章開頭說的那樣，自己覺得害怕，然後悄悄地把基金賣了。

一旦行情突然逆轉，又會有人後悔：為什麼沒堅持住？

還是那句話，大多數普通人接受的財商教育太少了。特別是對於很多年輕人來講，讀書的時候父母不讓他們擔心錢，工作了之後就讓他們一致向「錢」看。絕大多數人並不能那麼自如地切換角度，只能自己悶頭向前走。

萬一運氣不好，進入借貸這樣的陷阱或者歧途，可能就再也拔不出來了。

4

從剛剛開始嘗試學習投資理財到現在，我從來沒想到我會一直堅持這麼多年。

在將近20年時間裡，中國發生了翻天覆地的變化，我的人生也發生了翻天覆地的變化。回想起來，理財這件事帶給我最深刻的感受其實是以下三點：

1. 投資理財說得最容易的是堅持，最難做到的也是堅持。

　　剛開始的時候不管是因為被市場影響，還是被周圍人鼓舞，或者是受到賺錢效應的啟發，一開始時都是雄心萬丈、浮想聯翩，別說投三年五年了，就算投十年、二十年都拍著胸脯說沒問題。

　　事實上，當有些人發現投資並不能一夜暴富，而是需要經過漫長等待的時候，很快就失去了繼續下去的興趣，哪怕一年多的調整就會讓他們懷疑人生，結果等上漲真正來了之後才發現自己已經失去了獲利的機會。

　　明明可以擁有，最終卻失去，在投資市場裡叫「踏空」，在生活中叫完美錯過。

2. 在一知半解的時候想法不要太多。

　　很多人開始投資一段時間後，經歷過一番上漲或者下跌的折騰，就覺得自己多多少少有了一些瞭解，這些瞭解也被他們看成了經驗。

　　在這種經驗的加持下，人們常常會做出一些屬於自己的判斷——

　　比如當看到一路下跌的時候，非常擔心本金會全部跌沒，然後忙不迭地跑掉；

　　在看到一路上漲的時候，又覺得以後可能還會漲得更高，然後忙不迭地加倉。

　　結果跑掉的上漲了，加倉的下跌了。很多人剛開始投資理財的時候都知道制訂一個計畫，但是他們更容易做到的是「打破」自己制訂的這個計畫。事實上，如果那麼容易就能得到「正確」的經驗，那天下都是大富翁了。

3. 對於絕大多數普通年輕人來說，股票真的不是最合適的理財方式，基金定期定額才是。

　　絕大多數年輕人正處在人生發展的黃金階段，經驗、學識在不斷積累，人生體驗也在不斷豐富。這個階段的大部分時間和精力應該用在工作上，而不是關注股票的一時漲跌上。

　　經過了這麼多年，我越發確定的一點是，人生真正可以靠努力獲得穩定增值的僅有工作收入，特別是在年輕的時候，扎實的事業基礎才會建構穩定且不斷上升的無風險收入預期。

　　這一點任何一種有漲有跌的投資方式都做不到，所以在這個階段靠工作穩定賺錢，靠理財長線生財，兩條腿同時走路才是財富增值最好的方式。

5

　　回到最初的那個問題，為什麼我們之前做得那麼好的計畫，最後卻成了欲說還休的笑話？

　　回頭看看，原因不外乎我們自己打破了上面三個原則：目標、時間、方式。

　　很多人在投資開始的時候有一個強大到無與倫比、可以堅持20年的目標，真正開始面對虧損的時候卻多出了一刻也不想停留、20個不再繼續的理由。

　　很多人在開始時制訂了一個遠大的目標，可是堅持一段時間後發現離目標太過遙遠，頓時興趣索然、乾脆終止了。

　　很多人借鑑了別人的方法選擇了基金定期定額做長期理財，可是因為市場短期下跌造成暫時虧損，他們就心疼得受不了、不再定期定額……

　　看吧，我們的計畫制訂起來是這麼簡單，而我們面對變化打破它卻是這麼輕而易舉。

　　有人一定會問：

　　難道就不能在投資理財的過程中，產生自己的想法嗎？

　　當然可以，但請先不要在實際操作當中去驗證它，你完全可以用「虛擬實盤」的操作方式加以驗證。

　　所謂虛擬實盤，就是你假裝自己已經買了某檔基金，每天盯一下它的漲跌，就像真正投資一樣操作和觀察一段時間，就能夠驗證自己的想法是否正確。如果過程中有所偏差，一定要找到原因。

　　很多人虛擬實盤操作得很好，但真到投資的時候還是會一塌糊塗，為什麼？

　　因為虛擬實盤損失的是理論上的數字，真實操作面對的是真

金白銀的損耗。

虛擬實盤不會影響你的心情，因為你知道那是假的，但真實操作很多人都受不了，因為真實虧損會嚴重影響人的心態。

所以我一直覺得錢是這個世界上最偉大的魔術師，它能讓一個人從幼稚走向成熟，也能讓一個人從簡單走向複雜，更能讓一個人明白自己的弱點究竟是什麼。

寫這篇文章之前，我找到了2002年時寫的日記，那時候我依然是個投資菜鳥，最開始的投資金額只有兩萬元。我從來沒想到會堅持到現在，也沒有想到十多年後的我會成為現在的樣子。

我唯一慶幸的是，我做到了讓投資理財變成我的生活方式之一，它徹底地改變了我後來的生活，也讓我擁有了現在的生活。

這種變化，其實每個普通人都可以做到。

先想想你投進去的
是不是三年之內用不上的閒錢

> 這些錢在三年中完全消失也不會傷筋動骨，既不會影響你的
> 生活水準，也不會引起內心波動，這樣的錢才能稱為「閒
> 錢」。

在投資理財之初，很多新人問得最多的問題就是：如何才能
儘快賺到錢？

不管從哪方面說，賺錢都是一件讓人開心的事，尤其是對於
絕大多數奔波在生活前進道路上的普通人而言，在薪水之外如果
能多一條錢生錢的道路，對自己、家庭都是一件極其開心的事。

當聽到很多人問起這個問題時，我也會反問：你投的錢是幾
年之內用不上的閒錢嗎？

他們中有些人會說是的，有的人嘴上說是，心裡未必覺得
是。還有些人會說：如果長時間不用，那這錢投出去就算賺再多
也沒有任何意義吧。

我對快速賺錢這事無能為力。如果你想賺快錢，投入的就多

半不是閒錢；既然不是用閒錢投資，虧錢的結局極有可能就在前面等著你。

1

絕大多數人在一開始的時候都分不清什麼是閒錢、什麼不是閒錢。

就像剛開始工作時，一個月賺三五千元，不要說北上廣深這些一線城市了，就算在一些三四線城市可能都過得吃緊，很多人覺得自己身上根本沒有什麼閒錢。

就算再高一點，月薪上萬了——在三四線城市甚至很難拿到這個工資，可是在北上廣深，月薪上萬好像也算不得什麼。不說別的，房租水電就先給你花掉一半，再加上日常生活開銷，如果再談個戀愛、出去旅遊一下……

我的媽呀，閒錢在哪裡？

終於熬到月薪三五萬，聽上去很多了，可這個階段很多人會組建家庭，養育孩子，父母還會生病，會遇上生活中各種稀奇古怪、躲也躲不開、避也避不了的頭疼事，再多的錢在這種情況下也經不起折騰。

作為普通人，當我們要真正開始學習投資理財的時候，首先要想好以下這三個問題：

1. 什麼才是閒錢？
2. 閒錢的作用？

3. 怎樣擁有人生第一筆閒錢？

理不清這三個問題，在投資理財這條道路上，不管你選擇什麼樣的路徑，無論基金、股票、外幣還是黃金，你都有可能在未來的某一天掉進自己挖的坑裡出不來。

我就曾經掉進過自己挖的坑裡——很多年以前，那時候剛剛工作，當一切走上正軌，收入穩定、工作穩定、手裡開始有了些存款，心思就開始飛起來了：能不能在薪水的基礎上多賺一點呢？

那時候正逢股市行情大好，基金行業還剛剛起步，因為我都沒瞭解過後者，所以一頭栽進了股市。

2

最開始的時候手裡的存款並不多，大概幾萬塊錢吧。那時候我腦子裡完全沒有拿多少錢來投資的概念，索性扔了一半進股市。

剛開始還挺好的，賺了大概一個多月。還沒等我開心呢，市場就風雲突變，從2100多點一直跌到998點，時間長達四年。

在這四年當中，我有點錢就往裡補，有點錢就往裡補，總是寄希望於把之前虧的錢再撈回來。結果非但沒有撈回來，反而越虧越多。

算起來，那幾年前前後後一共投入了十多萬元，最後虧到了

只剩七萬。

　　簡單說一下這十多萬在當時我的收入中所佔的比例——並不是閒錢，基本是我生活必備開銷、房貸車貸之外的所有結餘，一旦生活中有什麼事情，便不得不用到這些錢。

　　那時候腦子裡完全沒有閒錢的概念，也正因如此，一旦打開帳戶發現虧損就懊悔得不得了，只要有點錢就想著把之前虧的錢救回來，彷彿前面虧的錢是陷入窘境的弱女子，而後面出去的錢則是打抱不平的俠士。結果弱女子沒救出來，大俠士也被抓了進去。

　　當時投資這事我都是瞞著父母做的。他們並不知道我開始炒股，也不知道我投了多少錢進去，結果在一次特殊情況下，事情露餡了——

　　那年我表姊家孩子得了白血病，需要緊急籌錢做手術。

　　表姊萬般無奈，開始跟所有認識的親戚朋友借錢，也找到了我家。按照我家和表姊家的關係程度，這個忙還是應該幫的。當我媽把這事跟我說的時候，我卻有些為難，因為我把錢都投進了股市裡。

　　後來我還是想辦法借給表姊一點錢，但這件事情讓我有了危機意識——我忽然想到：

　　萬一哪天是我家裡人，比如父母、我自己或者我妹妹生了病需要用錢，我還是這麼捉襟見肘、一籌莫展嗎？

當時我一個月的收入大概七八千塊錢，以那個時代的物價水準來講已經算不錯，可我對於投資的資金分配完全沒有任何概念，因為一直在虧損，又一直想挽救，最後反而失去了方寸。

3

這件事情給了我一個很大的提醒，之後除了惡補跟投資理財有關的專業知識之外，我還花了很多時間接觸投資心理學，因為我始終納悶：

在其他方面那麼淡定甚至可以說非常成熟的我，為什麼面對投資理財虧損的時候會這麼慌張？

這個問題困擾了我很長時間，直到後來看到一本書，上面有這樣一段話：

絕大部分投資新手心理上容易出現波動甚至各種負面情緒，一方面是因為對專業知識不瞭解，另外一方面則是資金的投入比例不當。

拿我自己為例：

一開始我雖然只投入了40%的資金，但是隨著後來一次次加碼，我幾乎把所有可以用的錢都投了進去，以至於一旦生活出現風吹草動，我會頓時變回一隻風中顫抖的羊駝。

由於我並沒有對投資資金進行明確界定，在投入上失去了具體把控，導致越投越多；在前面資金已經被套牢的時候，急於用

後面的資金去解套，結果非但沒有撈回來，反而越陷越深。

這種越陷越深的結果其實就是投資心理失衡造成的——

投資心理失衡包括一遇到上漲就興奮、生怕錯過行情繼續加倉，真正遇上下跌的時候又怕跌得更慘，不管不顧只想賣出，結果就變成了追漲殺跌。

在這種心態下，根本不可能完成長期投資。

投資心理學上有一個很重要的「閒錢原則」：

只有閒錢才是保證健康穩定定期定額投資心態最重要的基礎；如果你不能用閒錢投資，那麼想贏怕輸、瞻前顧後以及越陷越深的情況就會纏繞著你。

而什麼是閒錢？很簡單，那就是「至少三年之內用不上的錢」。這裡說的三年之內用不上，並不僅僅是自己用不上，甚至必須考慮到家人用不上。

再說得極端點，你要有這些錢在三年中完全消失也不會傷筋動骨的覺悟。它的消失既不會影響你的生活水準，也不會引起內心波動，這樣的錢才能稱為「閒錢」。

如果不是閒錢，也不是說不能投資，但這一定不是長期投資，因為這樣你的投資行為所面臨的壓力和需要的定力會成倍提高。

4

從這個角度說，閒錢投資一定要注意以下三個特點：

1. 它絕對不包括你吃穿用度這些必備開銷所涉及的範圍，而只是生活必要開銷之外結餘資金的一部分。

也就是說，並不是所有生活開銷之外的錢都應該被看作閒錢，如果那樣，你的日常資金儲備有可能太過緊繃；通常來講，它應該是生活開銷之外，資金結餘的三分之一到一半。

2. 閒錢的計算方式——如果一個人月薪1萬，生活必需開銷包含房租水電為5000元，那麼在剩下的5000元裡最多可以拿出2500元作為遠期開銷的「閒錢」，而剩下的2500元則作為近期開銷而儲備。

也就是說，你要把生活必備開銷之外的那部分錢分成兩部分，應對近期和遠期兩個不同目標，而遠期目標的那部分就是「閒錢」。

3. 以年為單位存下閒錢——按照前面的例子，差不多到了一年之後，我們手裡會存下6萬元左右，這6萬元中至少有3萬元可以一次性投入類似基金這種長期理財項目中，這就是閒錢投資。

　　而剩下的3萬可以用作下一年度的預備開銷，如果不想它「趴」在活期帳戶上，可以買成三個月短期理財、貨幣基金或者短債基金。

　　如果每年都能進行這樣一筆「閒錢投資」，那麼循環往復，用不了多久，你家裡的投資組合就建立起來了。

　　雖然大部分人在生活中會遇上這樣那樣的挑戰，但從機率上來講，人的生活不可能每一年都碰上這樣的挑戰，總有相對平穩的時候。

　　特別是在年輕的時候，無論是身體狀況、精神狀況還是收入上升趨勢都處在一個相對比較好的狀態，遇到的困難相對也比較少，更有利於我們結餘閒錢。

　　所以在35歲之前，大家一定要盡可能地積累出一筆閒錢，因為35歲之後，大多數人都會面臨很大的生活壓力，包括成家立業、結婚生子、扶養父母和撫養子女等等，還可能會遇上疾病。這個時候如果沒有閒錢的支撐，一定會出現很多困難。

5

　　另一個具體的操作，是如何存下閒錢。

首先是強制性結餘。

　　不管你賺多少錢，如果想在35歲之後有足夠的能力抵禦一些突發情況，必須拿出固定收入的20% ～ 30%作為「閒錢強制

結餘」。

在這方面，我一直建議投資新手操作的基金定期定額，其實就是一種「閒錢強制結餘」。

因為如果沒有閒錢的話，未來真的是寸步難行，我自己就是這樣一個例子：

35 歲那年我父親生病，被連下幾道病危通知書，花了很多錢治。從那一年開始，他就進入每年求醫、每年病危的狀態。

所幸那時候我已經開始「閒錢投資」有些年頭了，不僅挽回了前期損失，還幫助父親完成了治療──如果沒有長期投資理財的支撐，我們可能很難延續父親的生命。

其次，必須儘早開始投資理財。

僅僅是存錢或儲蓄一定是不夠的，因為儲蓄的利率太低，經常跑輸 CPI（消費物價指數），這樣你存在銀行裡的錢就相當於在貶值。

長期投資理財的方式雖然有很多種，但是以我這麼多年的實際操作經驗看，對於絕大多數普通人來說，基金定期定額是最好的選擇。因為它簡單明瞭，同時省時省力，操作沒有那麼麻煩，更重要的是它不需要你有太多個人的想法。

可以這麼說，如果你能夠嚴格按照投資原則長期堅持下去的話，超過三年都很難虧損──如果虧了，多半是你在中間沒忍

住，進行了多餘操作。

再次，在過程中積累和學習。

很多年輕人總覺得自己收入不夠高，沒必要進行投資理財。這個想法真的是錯誤的，不管你一個月賺多少，每個月拿出10%的錢進行投資理財並不為過。

很多基金的定期定額門檻是300元左右，300元對很多年輕人來說往往只是一頓飯的開銷。

我的讀者中很多投資新手最開始也是這樣，他們被我在2016年左右吆喝趕上了這條船，四年過去，他們的生活因為參與基金定期定額舉步維艱了嗎？沒有。

而且，以前月光族的朋友會發現自己的名下忽然有了一筆資產，而且這筆資產還在不斷增值，這對很多年輕人來說真是一件讓人意外又高興的好事。

6

最重要的是，當你領會了「閒錢投資」，心態會變成樂山大佛一樣穩。你會發現無論股市漲跌賺虧，心裡都沒有太大的波動。因為這些是你的閒錢，在三年之內都用不上，那麼它們在一天、兩天、一週、兩週甚至一個月、兩個月當中虧損與否，其實並不會太影響你的心態。

很多人說投資市場不會永遠是賺的，同樣，投資市場也不可

能永遠賠——中國的股市常常有「熊長牛短」的特點，這意味著我們經常會經過特別漫長的幾年熊市，才能迎來可能短短一兩年的牛市。

這個過程聽起來不太好受，但這也意味著我們能夠在更長的熊市當中，以更低的價格買到更便宜的籌碼——我說的是基金——如果這部分錢是你的閒錢，你就有足夠的定力和承受力，看著它在未來不斷發生變化。

這個過程同樣會反過來影響你的工作和生活。

當有一筆投資在你身後時，你的心理會不由自主地變得強大，不會再為一時的困難而慌亂，也不會因為短暫波動而失去分寸，你會有更良好的心態，這就叫「傍大款」。

沒錯，我們不需要找個有錢人「傍大款」，完全能讓閒錢投資成為我們身後的「大款」。

無論是工作還是生活中，這種穩定而持久的心態對於絕大多數投資者來說都是可望而不可即的。它意味著你已經有了獨立的判斷力、強大的自信和長期的自控力，它會讓你告別慌張、忙亂、患得患失，你的心態會越來越穩定和健康。

而這一切，都是閒錢投資帶給我們的變化。如果你不能把「閒錢投資」當成自己的生活方式，那麼你就很難在生活中享受到它帶給你的快樂和幫助。

別管別人過得多瀟灑，
先讓你的存款達到六位數

> 即便是十萬元這樣一個看上去很大的六位數，一旦放在一段時間當中並平攤下去，你還會覺得這是一個遙不可及的目標嗎？

前兩天看到一則新聞，一個90後年輕人因為過度消費欠下鉅款，結果被家人趕出門外。這則新聞看得人心驚肉跳，忍不住問周圍關係比較好的三個朋友一個問題：現在的年輕人都不存錢的嗎？

他們清一色的90後，其中最小的那個是1997年的，今年才22歲。

他們聽了這個問題立即白了我一眼：

「刀哥，你已經七老八十了，你怎麼能理解我們年輕人的痛？我們當然想存錢了，但是哪裡有錢可存？你別再問這個問題了，再問你就是何不食肉糜！」

我聽了這話趕緊閉嘴，但後來想想又覺得不對：他們收入最

少的每月6000元，最多的每月能賺到15000元，在北京，消費雖高，但也不至於一點錢都存不下來吧？

是沒錢可存，還是根本就沒有存錢的習慣？

1

這三個小朋友中最年輕的小A今年剛剛本科畢業，稅後收入6000元。

小A畢業後和幾個同學合租在一間公寓裡，每個月房租是1500元，再加上水、電、瓦斯、手機、交通等費用，固定開銷差不多在3000元左右。即便這樣，按理說她每個月應該至少有3000元的固定結餘。

再說小B。

小B是男生，在一家公關公司工作了三年，收入差不多有10000元。按他的說法，房租、水電等再加上一些雜七雜八的開銷，每個月固定要花掉至少5000元。如果這樣，正常結餘也應該還有5000元啊？

情況最好的是小C。

小C在一家跨國企業工作，今年27歲，月收入15000元。她

在一棟高檔辦公大樓上班，出差都是住五星級酒店。無論從哪方面說，她都是三人中收入最高、條件也最好的，可C說這個收入僅夠她在北京的開銷。

三人都說自己沒什麼存款。情況好一點的是小C，銀行戶頭裡大概有四萬多元，除此之外，沒有投資、沒有股票，也沒有其他的資產。這四萬多儲蓄中的兩萬，還是去年的年終獎金，她一直忍住沒花。她說，這已經是她工作幾年來存款最多的時候了。

而小B的存款則只有一萬出頭。他說他也不是不想存錢，但就是存不下來。存款最少的是小A，因為剛剛工作，她基本上沒有存款。

這其實還好理解，但她後來有些不好意思地說，她的信用卡還欠了一些錢，是帳單分期還的，還沒還完……

原來她不僅是月光，現在已經成了「月負族」。

當我建議他們應該讓存款起碼達到六位數的時候，他們都把我當傻子一樣看著，就差一邊罵著「何不食肉糜」一邊衝上來打我了。

可是，這真的是個很難完成的任務嗎？讓我們來拆解一下。

2

在為什麼存不下錢這件事上，三個人各有各的解釋。

小A剛工作，算起來每個月能結餘3000元，但是她說她剛工作，有很多開銷迴避不了。比如說前段時間光買一台電腦就花

了好幾千，用掉了她將近一個月的收入，如果再算上出去跟朋友聚會什麼的，那點錢一定不夠花。

小B說，其實他自己也沒有怎麼大手大腳花錢，也沒買什麼奢侈品，但他有個「很費錢」的地方，那就是談戀愛。

他告訴我，每週出去跟女朋友見面、吃飯、看電影，怎麼都得花好幾百，這些錢總不好意思讓女生花吧，幾百塊說多不說，說少也不少，一個月下來幾千塊錢也就出去了。「刀哥，那你告訴我，我應該怎麼存錢？」

小C說得就更直接了：「在我們那樣的公司上班，衣服不能穿得太廉價，鞋子也不能太廉價，化妝品也不能太廉價。一旦被人看出來，大家會笑話你，所以我每個月這方面的開銷就要佔很多。」

「在這種情況下，我還能存出四萬多塊錢來，已經算是超水準發揮了。」

……聽起來好像都挺有道理的。

問題是，很多時候，存錢應該在消費這個行為之前而不是之後——

每個月收入發下來後先進行「強制儲蓄」，這樣才能確保存款能細水長流積少成多，也是年輕人應對未來不時之需最簡單的方式。

我以前剛工作的時候，一個月也就3000塊錢，加上房租、水電費、電話費、交通費，剩下也就1000多塊錢。

不管結餘多少，我每個月至少會把其中的30%存到銀行戶頭裡。

這個習慣從我剛開始工作時就養成了，一直持續到現在。

別看不起這30%——剛開始的時候收入低，30%算不上什麼，幾年後收入提高了，30%就不是一個小數字了。

如果你沒有養成「強制儲蓄」的習慣，即便以後收入提高了，依然存不了什麼錢，小C就是這樣的例子。

實際上，當你經歷過一些事情之後就會知道，很多時候如果你沒有一筆馬上能拿出來用的錢，你就會被很多問題難住。

別說去借，現在除了爹媽，誰願意借錢給你啊？即便是親人，手心向上的日子也不好過！

3

關於用錢和儲蓄的這些習慣主要沿襲自我的父母。

我父母那一代人吃過很多苦，受過很多罪，因此對很多事情沒有太多安全感，所以當條件稍微變好一點後，「存錢」便是他們覺得最快樂也是生活中最有熱情的一件事。

即便後來生活改善了不少，父母依然會在領到薪水後做固定儲蓄，這種習慣我從小耳濡目染。

當我開始工作有了賺錢能力之後，每個月把結餘的至少30%存到銀行是一件雷打不動的事。

最開始的時候真的不多，有時候只有300塊。

用母親的話說，這些錢別看現在少，日積月累就多了，真到

用得上的時候，你就會知道它有多「值錢」，因為它能做很多你預料之外的事。

別看我現在經常在網上寫關於投資理財的文章，但投資理財真的是在我養成儲蓄習慣、存款達到一定數額之後才開始琢磨的事。在此之前我根本不敢去想，即使想也不知道有什麼方法可以做。

可以這麼說，儲蓄是我在投資理財道路上的第一個「老師」。

存錢是一件會讓你越做越上癮的事——當你發現帳戶裡的錢在不斷增長時，內心的焦慮感就會降低；當存款達到了一定數量時，這種焦慮感就會徹底消失，變成各種各樣的想法。

這些想法五彩斑斕、無比美好，但在此之前，你根本搆不著它。

比如，那一年當帳戶裡有了第一筆轎車頭期款的時候，我幾乎不敢相信：我居然也能買一輛自己的車？

又過了一段時間，房子的頭期款也終於存出來了——原來我也能有機會買一間屬於自己的房子！

當然那時候北京的房價還算便宜，普通人能夠負擔得起，可那時我們的薪資也不高，這些都是我之前想都沒有想過的幸福和安定。

在這個過程中，我還遇到過親戚家的孩子重病、自己家裡出了一些問題，這些生活中的問題無可避免，而它們中的絕大部分都要靠錢來解決。

錢在什麼時候最值錢？當然是在你缺錢的時候，也只有這個時候，你才會覺得錢是一個多麼溫柔可愛的小東西啊！

4

真正經歷過一些事情之後才會知道，如果你手裡沒有一筆馬上就能拿出來用的現金的話，就會特別缺乏安全感。這種安全感一方面來自對可能出現的問題的解決，另外一方面來自對風險的從容應對。

還是那句話，生活中的風險真的遠遠大於投資理財和儲蓄的風險。

儲蓄這件事，只要你做，哪兒有什麼風險呢？

我必須說，在我二十多歲的那個時期，並沒有那麼多的消費誘惑。那時候花錢基本靠現金，辦信用卡還需要單位開證明信，哪像現在，有身分證你就能申請一張信用卡。

我第一張信用卡的額度好像只有500元，刷了恨不得兩年才提到2500。不像現在，隨便一張卡都是5000元或1萬元起跳的額度。

那時候因為離不開現金，客觀上限制了很多人消費——而現在出入都是網約車，連買菜都能刷手機，用手機支付的時候就跟花的不是自己的錢、不需要還一樣，一點感覺都沒有。

連一向勤儉持家的我媽，在學會了手機支付後，也買了很多用不上的東西。所以，這個階段人必須正視的另一個問題是：

讓我們存不下錢的不僅是超前消費，還有「無謂消費」。

　　所謂無謂消費，就是買基本用不上的東西——就像文章開頭那則新聞中的90後女生，她買的很多東西基本就是留在家裡蒙塵。

　　所以問題的關鍵不是消費本身，而是瞭解消費的目的。

　　花錢只有一個目的：那就是滿足某個必備需求，從而使你的生活品質得到提高。如果不能滿足這個條件，那這筆消費基本就是「無謂消費」，可以直接省了轉成儲蓄。

　　按照這個邏輯，你就能夠判斷什麼樣的錢該花、什麼樣的錢不該花。比如車子，它能夠極大提高人的生活品質和生活半徑，所以對於很多需要經常出門又有足夠支付能力的人來說，這就是一筆應該花的錢。

　　即便現在買車可以很方便地貸款，車價也降了不少，但幾萬塊錢的頭期款總是需要的。對於一個沒有太多理財經驗的年輕人來說，你至少得先存出這筆錢來，對吧？

5

　　生活中需要錢的地方很多，很多人超前消費的生活固然瀟灑，但這種生活一旦遇到哪怕一點很小的風險，都會讓你措手不及。

　　不管別人怎麼瀟灑，先讓你的銀行帳戶存款超過六位數。

有些年輕人可能會覺得這是一個很龐大的任務。六位數，10萬塊錢呢，這可不是一個小數字。

沒錯，從單一的時間來看，這10萬塊錢真的不是一個小數字。別忘了，財富的積累從來都不是一蹴而就的，常常需要在一段時間內完成。

咱們來做一道數學題吧：

如果現在讓你拿出10萬塊錢，你覺得很困難，如果把這個時間延長到三年或者五年呢？

先看三年。

如果三年要存出10萬塊錢，平均每年是33000多元，平均到12個月，那就是2700元。

也就是說，你從現在開始每個月存2700元，三年以後你必然能擁有10萬元存款。

再看五年。

如果需要在五年中累積到10萬元存款，平均每一年需要存下2萬元，而每個月你只需要存下1600多元，堅持五年就能達到目標。

你看，即便是10萬元這樣一個看上去很大的六位數，一旦放在一段時間中並平攤下去，還會覺得這是一個遙不可及的目標嗎？

那麼為什麼還會有那麼多人拿不出這10萬？

是因為他們每個月沒有這2700或者1600元錢嗎？顯然不是。

那是因為他們沒有這三年或者五年的時間嗎？當然也不是。

無論小A、小B、小C，以他們的收入情況其實都能夠達到這樣的數字，但實際上都沒有做到這一點，那問題出在哪裡呢？

6

首先是隨意花錢。

這種隨意性雖然和移動互聯網帶給我們的便捷程度有一定關係，但更來自我們沒有長遠和周全地考慮過花錢和存錢這件事。

這個問題可以有很多解決辦法，比如記帳，再比如類似「強制儲蓄」般地「限定消費」——限定消費並不是限制消費，而是將消費控制在一個合理範圍內。這對絕大多數年輕人都有很現實的意義。

其次是規劃的缺失。

最近這些年消費主義不斷抬頭，導致了很大一部分年輕人超前消費，明明沒有那個經濟支付能力，偏偏想花很多的錢。就像文章開頭那則新聞說的那個年輕人，每個月收入8000多元，花費卻能達到好幾萬。

這種病態消費觀一方面來自環境的影響，另一方面因為她從來沒有存過錢。當她後來體會到存錢的辛苦，立馬覺得以前做的事很荒唐。

　　另外就是對未來生活規劃的缺失。

　　很多年輕人常常因為收入不高，覺得存錢沒意義，其實越是沒錢的時候才越要存錢。這就跟越年輕越要理財是一個道理，否則你靠什麼改變現狀？

　　即便你的薪水可以水漲船高，如果你沒有規劃，即便你是小C那樣的情況，還是會覺得茫然無助。

　　就像她說的，儘管現在看上去還好，但是心裡透著「沒底氣」三個字，不敢生病，不敢辭職，更害怕家裡出點什麼狀況。

　　所以存錢這件事情，首先是解決心理焦慮問題。不管怎樣，生活中大部分問題的解決都需要一筆馬上能拿得出來的錢。

　　另外，當你的存款一旦達到某個臨界點，你就會發現人生打開了新的一頁。

　　在這個臨界點以下，你會縮手縮腳，有些事情你即便想到也不敢去嘗試；在這個臨界點之上，你的膽量會一點點增加，會敢於嘗試一些新的事情，會給自己爭取到更多更好的機會。

　　這個臨界點就像一針催化劑，會幫助你提升眼界，看到更好更遠的世界。而在現階段，六位數存款就是一個屬於普通人的合理的臨界點。

　　從數學的角度講，從 1 萬增長到 10 萬翻了 10 倍，從 10 萬增長到 100 萬也是翻了 10 倍，儘管在倍率上完全一樣，但在數值上差別極大。

　　這就要求我們不能用單一存款的形式完成第二次增長，也會

推動著你不斷尋求新的資產增值方式和投資理財方法，就像我和讀者群裡很多年輕朋友現在正在做的一樣。

如果你沒有達到這個臨界點，你根本不會體會到這些。

不管別人過得多瀟灑，希望大家先解鎖人生的第一個財富任務，那就是讓你的銀行帳戶裡存款達到六位數。

至於已經達到六位數的朋友，七位數、八位數在前面等著呢！

普通人拿什麼
去對抗烈性通貨膨脹

> 不管我們面對的是什麼級別的通貨膨脹，
> 「三金法」都是行之有效的方法。

　　2020 年真的可以算得上是神奇的一年，因為疫情，很多人的收入受到影響。而市場的形勢卻冰火兩重天，一方面股市大幅上揚後開始強勢震盪，另一方面國內外形勢複雜，更讓很多人看不懂。

　　很多熟人私下交流的時候都對這種情況憂心忡忡，因為這種形勢和環境是過去四十年順風順水的情況下從來沒有遇到過的。

　　四十年已經足夠改變一兩代人的記憶，更年輕的朋友，因為出生在發展最快、環境最平穩的時代，早已經不知道過去曾經經歷過什麼。

　　但是人對風險的嗅覺還是要有的，尤其是在內外部環境的衝擊下。這幾天收到最多的問題就是：

作為普通人，我們可能面對什麼樣的風險，又應該怎樣面對？

對普通人來說，最應該防範的風險其實只有一個：通貨膨脹。

1

每次跟年輕讀者交流「風險」這件事時，都會有一種明顯的感覺：

這群年輕人其實對未來可能遇上什麼並沒有太過明確的概念，甚至讓我們印象深刻的生活、工作、成長中的問題，他們在這個階段也體會不深，真正讓他們有所體會的就是一件事：

錢。

就像那天我實在忍不住對嘻嘻哈哈的他們說了一句狠話：

群裡95%的人，最大的風險就是沒錢！剩下5%的人，風險就是錢不夠多！

群裡安靜了片刻，有人說：「要不要說得這麼直白啊？」可是，不扎心怎麼能知道自己究竟缺什麼？怎麼補？

說實在的，現在的環境，無論是生活、工作還是學習，都比我們年輕的時候好太多，也正因如此，一旦出現一些意想不到的情況，就更容易讓人患得患失，進退維谷。

說到底還是兩個問題：

一是錢不夠多，二是錢不夠值錢。

當我長大以後，對通貨膨脹這件事始終保持很高的警惕——毫不誇張地說，我開始嘗試投資理財的最大動力，也來自這種警惕。

這種警惕通常都會讓我用很短的時間決定做或者不做一個跟錢有關的選擇，而在判斷投資理財收益的時候，與通貨膨脹率之間的對比也是我下意識的舉動。

所以在我心目中，年輕人最應該防範的風險除了錢不夠多之外，就是通貨膨脹，尤其是後者。

最行之有效的，無疑是「三金法」。

2

應對低烈度風險：債券基金足夠。

所謂三金，首先就是「基金」。

關於基金，我在之前的文章和上一本書中已經多次介紹過，微博上也有很多相關內容。

而關於通貨膨脹風險，其實也分為幾個層級，首先是最初級的低烈度通貨膨脹。

所謂低烈度，是指貨幣的貶值程度比較小，通常在2% ～

4%這個區間。

在這裡要跟大家普及一個概念，通貨膨脹並不完全是壞事，尤其是低烈度通貨膨脹，通常都發生在經濟運行良好、居民收入增加的時代。因為錢更多了，大家的錢才會一點點貶下去，但是這個速度非常平緩，對國民經濟運行沒有太大壞處，是可以接受的。

但這也並不是說我們可以對它完全視若無睹。

低烈度通貨膨脹階段應對的方式有很多：比如債券、銀行理財產品，甚至一些結構性存款都可以。因為此時通貨膨脹率比較低，所以只要這些產品收益率超過4%，那就算我們跑贏了通貨膨脹。

從這個角度說，普通人應對低烈度通貨膨脹最適宜的產品是債券基金。

債券基金風險不高，而且基本集合了前面所說的那些投資項目的所有優點：相對穩定、靈活，不僅可以有收益而且還隨時待用，在購買上也沒那麼麻煩。

因為少量配置了股票等資產，債券基金的收益又要比前面那些產品高很多，一些債券基金的年收益甚至能到6%左右。

這個數字已經足夠覆蓋低烈度通貨膨脹帶給我們的大部分壓力。

3

應對中等烈度通貨膨脹：非股票類、指數類基金莫屬。

和低烈度通貨膨脹相比，如果我們手中的錢貶值的速度更快，那就有可能進入中等烈度通貨膨脹。

通常中等烈度通貨膨脹會有6%～8%的通貨膨脹率。

這時候光是債券基金可能已無法完全彌補通貨膨脹對我們生活的影響，必須考慮加入指數類、股票類基金。

雖然指數類、股票類基金在短期內的投資風險比較大，甚至在某一兩個年份中的收益率會虧損30%，但是從長期投資的角度看，如果你採取基金定期定額這樣分散風險、科學合理的投資方式，即便是風險這麼高的基金，平均年化收益依然有可能達到10%左右。

這個數字抵禦中等烈度通貨膨脹已經完全沒有問題了。

而這種合理的投資方式就是我一再跟大家建議的「蓄水池＋定期定額」的投資方式：定期定額能夠削峰填谷，平抑我們的購買成本，同時一次性買入的蓄水池又可以幫助我們保持投資的整體規模，不至於在牛市踏空。

即便遇上後市從牛市轉為熊市，後市不太看好，我們也可以優先賣出蓄水池中的基金份額以降低倉位，只保留定期定額。

當然頻繁買賣基金實際上對普通人來講並不合適，不符合普

通人「長期、閒錢、定期定額」的投資三原則，所以通常不建議大家這樣操作。

　　事實已經證明，即便我們不進行這樣的操作，而且蓄水池建在階段性高點，來不及減倉，此後市場大幅下跌進入熊市，只要我們保持著定期定額，用不了幾年我們的虧損就會全部賺回來，而且會再創新高。

　　看一看很多遭遇了2015年股災之後的基金目前的淨值變化圖，你就能明白我在說什麼。

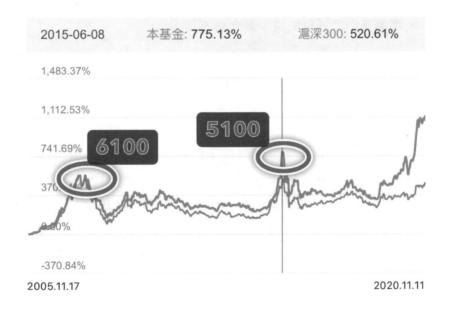

| 2015-06-08 | 本基金: 775.13% | 滬深300: 520.61% |

1,483.37%

1,112.53%

6100　　5100

741.69%

370.85%

0.00%

-370.84%

2005.11.17　　　　　　　　　　　　　　　　　　2020.11.11

　　只要選擇了科學的投資方式和保持穩定的投資心態，你就應該把未來交給時間，「用時間換空間」這句話真的不是說來聽聽的。

可很多朋友在開始基金定期定額之後，對它的收益過於看重，完全忽略了基金投資的另外一個作用：抵禦通貨膨脹。

即便是市場不好，透過幾年的定期定額我們依然可以獲得年均10%以上的收益，抵消通貨膨脹。一旦進入牛市節奏，你獲得的收益將遠高於這個數字。

可是牛市不常有，而通貨膨脹常有，哪個更重要？

4

應對高烈度通貨膨脹：黃金必不可少。

現在年輕的朋友都沒有經歷過高烈度通貨膨脹，那我再說一個例子你可能就理解了：房價。

2000年我在北京買第一間房子的時候，東四環房價3800元每平方米，總價38萬。

2006年同一個地方的房價已經漲到12000元，總價120萬。

而到了2016年，那個地段的房價已經是6萬元，總價600萬元。

短短16年，同一個位置的房價已經漲了16倍！

也就是說，相對於房價來說，錢貶值的速度非常快。16年前的100元，16年後只相當於6元多，這個貶值速度是不是很驚人？

當然現實中的通貨膨脹率跟房價之間的對比還是有很大區別的，尤其是通貨膨脹更多發生在跟民生有關的消費領域，在這方面房產的價值並不具有很強的代表性。之所以選擇它來作例子，只是便於大家理解。

實際上，中國已經很多年沒有出現高烈度通貨膨脹了，這也讓很多人對它的警覺逐漸降低。可實際上，資產貶值的風險並沒有遠離，倘若形成溫水煮青蛙的態勢，高烈度通貨膨脹一旦爆發更容易讓人猝不及防。

那麼，如何防範高烈度通貨膨脹呢？

國內最近30年我們找不到更好的例子，那就看看國外。

20世紀90年代末亞洲金融危機爆發，本來經濟發展良好的泰國貨幣遭遇索羅斯的狙擊。泰銖猝不及防，短時間內大幅度貶值，國民在過去幾十年間積累的財富幾乎毀於一旦。即便後來危機過去，泰國也花了很多年才走出當年的影響。

類似的例子還有1997年的韓國，金融危機中，韓國貨幣大幅貶值，國家信用大幅降低，國民經濟行將崩潰。這時候，眾多韓國國民將手中的黃金捐獻出來，增加國家黃金儲備，以穩定韓國貨幣和經濟形勢。

可以這麼說，韓國之所以能夠比泰國更快地走出金融危機的影響，跟當時韓國民眾的捐金運動有一定關係。

而在那之前，中國人手中是很少有個人黃金儲備的，除了一點黃金首飾之外。韓國人捐金救國的行動讓當時的很多中國人印象深刻，同時也間接推動了中國黃金儲備進入民間的趨勢。

5

購買投資金條並不僅僅是為了自己。

　　年紀稍長的中國人都知道，1997年亞洲金融風暴的影響有多慘烈，幾乎讓東南亞幾十年發展的財富毀於一旦。

　　由於當時中國還沒有加入世貿組織，經濟開放程度遠不如現在，所以那場金融風暴對中國的影響並不像東南亞那麼大。即便如此，我們的發展速度也突然放緩。

　　而且1997年香港回歸前後，索羅斯把狙擊目光對準了香港，對港幣發動了貨幣戰爭。如果不是中央政府在關鍵時刻動用國家外匯儲備出手，當時的形勢非常危險。

　　有興趣的朋友去檢索一下亞洲金融風暴，裡面有詳細描述。

　　從泰國被打得奄奄一息，到韓國民眾捐金救國，再到香港金融阻擊戰，1997年前後的動盪程度絕對不亞於2020年。

　　那場金融風暴對中國來說也不完全是不利影響，它讓高層逐漸意識到：

　　抵禦風險並不能完全依靠中央政府。也正是在那之後，國家對於黃金交易逐漸放開，投資金條這種實用性更強、保值作用更高的貴金屬產品也更多地為普通人所熟悉。

　　可以這麼說，亞洲金融風暴從一個側面推動了中國「藏金於民」的步伐。很多購買限制被取消，購買和交易便利程度也不斷提升，連國家回購這一以前僅面向對公交易的舉措也同樣適用於個人交易。

　　看完上面這些歷史，很多年輕朋友是不是覺得很神奇？這些都是發生過的事實。

　　面對高烈度通貨膨脹，個人的努力微乎其微，黃金毫無疑問是最好的抵抗風險的產品。

　　原因很簡單，因為它具有國際通行價值、貨幣價值、流通價值。這三點註定了它面對高烈度通貨膨脹時仍然堅若磐石。

　　這也是我建議可以每年購買一根投資金條的原因。因為萬一發生高烈度通貨膨脹，你手裡的黃金不僅價值能極大提升，而且可以在需要的時候幫助國家抵抗風險——想想韓國人當年的捐金救國。

6

應對高烈度通貨膨脹的另一個盾牌：美元。

　　決定一個國家抵抗風險的能力，除了黃金儲備外，還有我們更熟悉的外匯儲備，而外匯儲備中最重要的毫無疑問是美元。

　　美元以前也叫美金，那是因為幾十年前美國實力空前強大，強行將美元和黃金價值等同起來。後來隨著布雷頓森林體系的瓦解，美元和黃金價值的聯繫被中斷，但美元依然是國際貨幣體系中最大的組成部分。

　　如果要判斷一個國家的整體經濟實力，除了GDP和增長率之外，外匯儲備也是一個重要因素，而外匯儲備通常是以美元為單位的。

　　在2001年之前，普通中國人只有出國才能憑藉簽證購買一些外幣，那時候美元在國內無法自由兌換。2001年我第一次出國就是這樣。

　　2001年中國加入世貿組織後，這種情況逐漸得到改變。公民個人兌換美元的額度從2000美元逐步增加到5000美元，後來又上調到每年5萬美元——這個舉措極大地加快了普通中國人手中美元增長速度。

　　跟「藏金於民」一樣，「藏匯於民」也能整體增加國民經濟風險抵抗的能力。

　　以前只有政府部門能夠擁有黃金、美元，但政府的容量終歸有限，一旦14億人民加入這個行列，中國經濟的整體容量和風險抵抗能力就強多了。

　　從這個角度說，黃金和美元不僅是政府部門，也是普通人抵禦高級別經濟危機和高烈度通貨膨脹的最好盾牌。個人的風險抵抗能力提升了，國家的風險抵抗能力也就提升了。

　　這也是我建議在力所能及的範圍內，適量配置部分美元資產（美元現金、美元基金）的重要原因：

　　「黃金＋美元」是對抗高烈度通貨膨脹的最好方法。國家尚且如此，個人能出其右？

　　所以，不管我們面對的是什麼級別的通貨膨脹，「三金法」都是行之有效的方法：

　　基金、黃金、美元不僅可以使我們的資產得到健康增值，還能極大提升我們對抗風險的能力。

　　作為普通人，我們時刻要有一個覺悟：我們可以力量微弱，但是不能沒有準備。如果沒有任何準備，萬一發生通貨膨脹，我們可能連韭菜都做不了，只會變成時代的螻蟻。

　　我不願意這樣，相信大家也不願意。

第二章

理財小白實操
備忘錄

如何扛過
人生第一個熊市

> 人在歡欣鼓舞的時候，常常會迸發出無盡的動力和信心；而人在失望沮喪的時候，則會持續不斷地懷疑和猶豫。問題是，你不能給自己挖坑，因為多數擔心和害怕，都是自己給自己加上去的。

在那年夏天最後一個月某天，忽然收到讀者小A發來的一條私信：

「刀哥，基金一直在跌，已經快一年了，怎麼辦？」

收到小A這條私信是2018年，而她是在2016年底看到我在理財專欄中發的那篇〈女生理財傻瓜寶典〉後開始基金定期定額的。那一年她28歲，在一個二線城市工作，已婚，月收入8000多，但之前都是月光，沒什麼積蓄。

在我的讀者中，她其實很有代表性。

我的讀者大多年輕，18～35歲佔了絕大多數。這一代人比我們要幸福一些，生活條件和社會環境也要好一些，相應地，生

活壓力也要大一些——我們至少還趕上了北上廣房價幾千塊的年代，他們並沒有。

生活本來是公平的，不可能每一項都讓你滿意。

所以當他們第一次踏進跟金錢息息相關的投資理財大門時，很容易產生下面這樣的想法：

如果一天漲了500塊，一個月就能賺15000，比現在薪水高多了！

如果一天跌了500塊，一個月就要虧15000，比我賺的都虧得多！

……

上漲的歡欣鼓舞誰都知道，可下跌的痛苦折磨就不是每個人都能扛過去的，所以對小白來說，必須學會面對那折磨人的小妖精——「下跌」。

1

真正知道什麼叫害怕，大概是虧損教給你的第一課。

這種害怕並不是因為你做錯了什麼事，而是你明明覺得這麼做是對的，但又擔心沒有扳回來的可能。小A就是這樣。不僅是她，其實絕大多數初入投資市場的小白都會面臨同樣的問題：

　　她當然知道以前的月光是不合適的，畢竟父母在一天天變老，誰也不可能一輩子當誰的寶寶。

　　她當然也知道適當的投資理財對她這個階段來說是必要的，否則面對未來可能越來越多的開銷，光靠她和先生兩個人的死薪水肯定是不夠的。

　　她甚至知道像她這種情況，基金定期定額是最合適的投資方式，既不用像買房那樣佔用大筆資金，又不像炒股那樣風險巨大讓人牽腸掛肚。

　　……

　　就算這樣，當2018年基金隨著股市持續下跌了一年、帳戶收益欄裡已經出現負值的時候，小A開始擔心：之前定期定額買的基金，是不是要徹底這麼虧下去了？

　　我安慰她：「別著急，繼續看看。」結果一個星期之後，因為中美貿易戰，中國股市再度出現調整，連帶各類基金淨值再度下跌，小A終於忍不住了，又一次發來私信：

　　「刀哥，周圍很多人都說中國經濟面臨危機，股市也要崩盤了，這樣真的沒問題嗎？要跌到什麼時候呢？我虧得越來越多了……」

　　我實在忍不住糾正她：「不，你現在其實並沒有虧損。」

　　她說：「之前的收益都變成負的了，還沒有虧啊？」

　　我說：「是的，除非你現在決定賣掉所有基金離場，那樣才是真正的虧損。」小A聽了很擔心：「萬一咱們國家的經濟真的出現危機了呢？」

　　先不說中國目前的經濟體量對各種波動的包容程度，光是不去考慮那萬分之九千九百九十九，卻只想著那虛無縹緲的「萬一」，這樣的想法著實讓人有些忍俊不禁。

　　不過站在一個之前很少關注經濟的小白的角度，我對小A的忐忑很理解，但是真的沒必要。因為絕大多數時候這種「萬一」並不會發生，就算真的發生，你也一定跑得比很多人都快。

　　但小A的擔心並沒有緩解，最後我實在沒忍住問她：「你是投了很多錢嗎？」

　　她想了想，有點不好意思地說：「每個月定期定額300塊，現在已經兩年了，本金7200塊，虧了10%，差不多700塊……」

　　好吧，700塊就能讓你嚇破了膽，你贏了！

2

　　其實錢多錢少並不重要，重要的是如果你是投資市場裡的小白，面對看上去遙遙無期的下跌期，應該怎麼辦？

　　人在歡欣鼓舞的時候，常常會迸發出無盡的動力和信心；而人在失望沮喪的時候，則會持續不斷地懷疑和猶豫。問題是，你不能給自己挖坑，因為多數擔心和害怕，都是自己給自己加上去的。

答案一：先想想當初為什麼要開始投資理財。

　　絕大多數人的擔心和害怕，來自原有財富的不斷縮水，以及

不會再有機會扳回本。問題是當初為什麼開始理財，很多人也都忘記了。

　　像小A這個年紀的讀者，面臨著家庭生活、父母養老、工作打拚等多方面壓力，即便是在二三線城市，8000元左右的薪水也不見得夠用，更何況貨幣貶值的趨勢是一定的，大多數人的薪酬上漲速度常常會被溫水煮青蛙一樣的通貨膨脹漸漸淹沒。

　　所以，大部分人在最開始是為了能夠手有餘錢，同時實現資產保值增值而進行投資理財的。

　　為此，他們還給自己制訂了以下計畫：

　　1. 投資時間至少三年；
　　2. 採用最能平抑風險的基金定期定額方式；
　　3. 總投資金額不超過每月淨收入的30%；
　　……

　　這一切看上去井井有條，沒有任何問題。但是當市場開始持續下跌、投資收益由正值變為負數的時候，他們心裡的擔心和害怕就會冒出來：天哪，會不會一直這麼跌下去，把我的錢全部跌沒了？

　　結果他們就會忘記之前給自己制訂的種種計畫，徹底被虧損嚇破了膽子。

　　大多數半途而廢的人，都是抱著長期的目標開始，因為短期的變化終止。

　　下跌一年聽起來可怕，即便像小A那樣投資了兩年、下跌了

一年，總投資額還沒超過她一個月的薪水，目前的帳面虧損也只有10%。

　　試想一下，跟生活中常見的生病、突發事件等其他風險相比，這個幅度真的可怕嗎？

答案二：思考一下自己有沒有做錯什麼。

　　人一旦被情緒左右，就很容易忘記自己思考、尋找答案的能力，而這個答案是十多年前我自己初入投資理財市場時體會到的。

　　我大概是2001年前後誤打誤撞開始投資理財的，越是什麼都不懂就越大膽，一開始就直接買股票，然後就被套，一套就是四年……前前後後投了大概十多萬塊錢，到後來只剩了七萬，虧了一半多。

　　這個過程痛苦不堪。

　　那時候就一直在問自己：為什麼會這樣，究竟是哪裡做錯了？

　　為了尋找答案，那個階段我特地去看了很多書，查了很多資料，花了很多時間才一點點意識到，原來自己以前什麼都不懂，卻又以為自己什麼都懂；而用一知半解做行動的指引，這是當時自己最大的錯誤。

　　所以在後來很多年裡，我選擇了更適合自己的基金定期定額，而把更多的時間和精力放在了工作和自我提升當中。沒錯，當基金在幫我賺錢的時候，我並不能自我停歇，相比變幻莫測的

市場，自己能力的提升才是更有把握的事。

　　當我的注意力從市場轉移到工作後，慢慢地，我發現之前的虧損不知道什麼時候已經自己回來了，而且開始變成超過預期的收益。

　　再後來，我迎來了人生中第一個牛市——就這樣，我完成了一個投資理財小白的必修課：經歷一次完整的牛熊交替。

　　這個過程中，我並沒有盲目進行操作，只是選擇了更適合我的理財目標（放棄股票選擇基金），採用了更科學的投資方式（保持定期定額），最終等來了市場的徹底反轉。

　　從那時候到現在十幾年過去了，中國投資市場至少又經歷了三次牛熊交替。我也一直身處其中，經歷過2007年從6100點下跌到1600點的慘烈，也經歷過2015年從5100點跌到2400點的崩塌。即便如此，我在最高點買的基金由於長期不斷定期定額攤薄成本，也早就已經回本並且盈利。

　　所以對於漲漲跌跌，我已經一點不在意了，因為我知道自己在做什麼，以及這樣做有沒有錯。

　　送給各位小白一句特別有用的話：

　　在市場上漲時，你做什麼都是對的，無論買賣；而在市場下跌時，你做什麼都是錯的，同樣無論買賣。

答案三：找到投資理財對你的真正意義。

　　投資理財對你的真正意義是什麼？這又是一個特別有意思的

問題。

可能絕大部分人都會下意識地說：當然是為了賺錢啊。要是你真是這麼想的，那對不起，任何一件事都會有正反兩面，正如你只想著賺錢，虧損常常會找上來。

所以不要指望著你總能抓住硬幣上你想要的那一面。

在開始階段，我也一度認為投資理財就是為了賺錢，然後我就被套了整整四年。當我一點點明白投資理財是怎麼回事，並且在各種頭破血流中殺出一條血路存活至今之後，我忽然明白過來：

投資理財這件事當然跟賺錢有關，但它更重要的一點是讓你無比真實地面對自己性格上的弱點，有時甚至是人性上的弱點。

這些弱點包括膽怯、猶豫、懶惰、貪婪、激進……有時候這些弱點在日常生活中隱藏得無比妥當，可一旦面對金錢就會暴露得無處「藏身」。

這就是為什麼一個投資小白一定要經歷過一次完整的牛熊交替，才算接受了「成人禮」。

從2001年初入投資市場到現在的近20年中，我目睹了中國投資市場經歷過的起起伏伏，每一次都有人掉隊，每一次都有人崛起。對於像我這樣一個不起眼的普通投資者來說，最大的變化是心理承受能力不斷提升，隨之而來的是無論生活把什麼難題放在我面前，我都能冷靜面對。

不是嗎，老子連虧錢都不怕，還怕別的？

所以，投資理財對一個普通人最大的意義，不僅是保留了一

份賺錢的希望，更重要的是它會逼著你不斷進行自我審視，逼著你從幼稚到成熟、從單純到淡定，完成自我成長。

　　這種成長遠比普通的成長更能讓你意識到自己的局限和不足。

　　當然你也許會不願意，甚至選擇告別這個折磨人的過程。可是這麼做的人，當市場重新轉暖、周圍的氣氛再度從寂靜轉為喧囂的時候，多半會再一次被蠱惑起來，完全忘記自己曾經經歷過相同的一幕幕。

　　而那些堅持下來的人，已經早早把你甩在了身後，就像當初我甩別人一樣。

　　所以多給自己一點時間，因為對於小白的你來說，你現在的時間暫時還沒有自己想的那麼值錢。

同時定期定額七檔基金，
是要召喚神龍嗎

> 「不把雞蛋放在同一個籃子裡。」這句話說的絕對不是你可以同時購買七檔基金，而是說你在做投資決策的時候，可以選擇股票、基金、保險、存款、理財產品、黃金、外幣等完全不同形式的投資目標。

　　我並沒有想到 2020 年剛開始就遇上了新冠肺炎疫情這樣完全預料不到的突發狀況，更沒有想到即便如此，在剛剛過去一個多月的時間裡，我就完成了年初制訂的理財目標：

　　那天把這張圖貼在微博上之後，立即有朋友問：「為什麼你可以做到這一點？我買的也是基金，做的也是定期定額，投資時間也超過一年了，居然還是虧的⋯⋯」

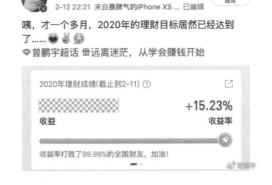

　　我很納悶，2019年這個上躥下跳的猴市行情是最適合基金定期定額的，如果堅持超過一年，怎麼還會虧？

　　再一問，答案出來了，人家說居然定期定額了七檔基金。當時我正在喝水，看到這個數字，一口水差點忍不住噴出來。

　　問題是，做這樣選擇的人絕對不只他一個。我只能說，對所謂的聰明人來說，能打敗他們的都不是外人，而是他們自己。

1

　　買基金有錯嗎？

　　當然沒錯，一直覺得對於絕大多數普通人來說，基金才是最適合年輕人的投資理財品種，股票真的不是。

　　基金定期定額有錯嗎？

　　當然更沒有錯，和一次性買入相比，基金定期定額相當於定期開閘蓄水，可以削峰填谷，平抑購買成本，是風險最小的投資理財方式。

　　那麼按照這個邏輯，是不是定期定額的基金越多就意味著投資風險越小？真不一定。

　　我們經常聽到一句話：不要把雞蛋放在同一個籃子裡。意思是指投資理財時不要僅限於一個品種，要做適度地分散，以減少風險。讓人沒想到的是，很多人就是因為這句話掉進溝裡。

　　既然基金定期定額可以減少風險，那定期定額七檔基金，風險應該只是一支的七分之一啊？

——數學能這麼算嗎？當然不能。

在定期定額這個籃子裡，買七檔基金，就叫「不把雞蛋放在同一個籃子裡」？

錯，這只是把七個同樣的雞蛋放在一個籃子裡。你說，是放兩個的時候它們相互碰撞或者被打翻的可能性大，還是放七個的時候碰撞的可能性大？

「不把雞蛋放在同一個籃子裡。」這句話說的絕對不是你可以同時購買七檔基金，而是說你在做投資決策的時候，可以選擇股票、基金、保險、存款、理財產品、黃金、外幣等完全不同形式的投資標的。

以上七種不同形式組成的投資組合，應對投資風險，風險才有可能降低為七分之一；可是拿同樣形式的七個產品去齊頭並進，風險非但不會降低，反而會變成原來的七倍！

更重要的是，在這種情況下，大多數人買的七檔基金的風格和種類絕大機率相同，要嘛全是行業基金，要嘛全是指數基金，要嘛全是消費類基金。問他們是怎麼選的，他們說是系統推薦的，或者是銀行理專推薦的，然後稀裡糊塗就買了，至於怎麼不錯、為什麼不錯，全都說不清楚。

原來人寧願這麼相信機器，或者這麼相信一個把你作為行銷目標的從業者，卻根本不願意自己去學習，難怪這個世界上最寶貴的是知識。

2

很多年以前，我剛開始嘗試投資理財的時候，也一度對每個月應該定期定額多少檔基金表示過疑惑，還把這個問題拋給了一個很有投資經驗、眼光見解很獨到的朋友，我問：「是不是可以同時投五檔基金？」

他很驚訝地問：「你是錢很多，一個月能定期定額10萬塊？」

我羞答答地告訴他：「麻煩再幫我去掉兩個0……」

他一下就笑了：「那既然這樣，定期定額那麼多幹嘛？絕大多數普通人定期定額基金，兩支就差不多了，最多不超過三支。即便如此，定期定額的這兩檔基金最好類型也不要一樣。」

按照他的建議，我做了以下選擇——

從2005年開始，我定期定額的兩檔基金就沒有變過：一檔是指數基金，一檔是混合LOF基金。這兩檔基金在市場上無論是波動還是風險都很大，僅次於股票，正因如此，它們非常適合年輕人定期定額。

為什麼？

因為年輕人雖然收入有限，但是增長預期很大，基本不用擔心未來你會沒有錢買定期定額，每個月少浪費幾百塊，定期定額的錢就都出來了。

相比之下，那些風險沒有那麼大、波動也沒有那麼大、收益也同樣不大的債券基金或貨幣基金都不適合定期定額，因為風險收益對等，風險不高，收益自然也不大。

　　之所以選擇這兩檔基金，還有一個原因是它們的風格和種類並不相同。

　　那檔中小盤指數基金直接掛鉤目標指數，是一支被動盯緊指數的基金，只要目標指數下跌它就必然下跌，只要目標指數漲它就必然上漲。

　　而另一支則是一支主動投資型基金，它會由基金經理選擇看好的股票進行買賣而獲得超期收益。它不一定跟指數掛鉤，所以你會發現有時候指數上漲了，基金多半會上漲，但有時指數下跌它未必下跌。

　　市場上可供選擇的基金成千上萬，從風格上說無非是主動和被動兩種，一樣選擇一支就足以應對不同的市場風格，東方不亮西方亮。

　　從2005年之後，我就一直在定期定額這兩檔基金，到現在也一直堅持著，除了定期定額金額會隨著收入的變化有所變化之外，從來沒有過其他心思。儘管這麼多年裡遇到過很多次股災，還有不止一次長達幾年的熊市，但都沒有動搖我的理財計畫。

　　當然短時間內會有所虧損，但是堅持的時間只要稍微長一點，定期定額特有的削峰填谷、平抑風險的優點，以及基金本身的自我修正能力就會得到極為明顯的體現，收益也會在不經意間轉成正數。

3

再說回那些一次性選擇七檔同類基金定期定額的朋友，很多時候都是因為害怕風險，覺得投資越分散，越能最大限度地規避風險。

可做出這樣決定的人，多半對於基金是不瞭解的，對於基金種類、風格以及投資規律也是不瞭解的，所以才會做出這樣看似有道理、實則無稽之談的決定。

正確答案是：

你無須選擇很多基金，只要選擇最適合定期定額、同時風格又不一樣的兩檔基金定期定額即可，最多不要超過三支。因為絕大多數人每個月可供定期定額的閒錢都有上限，過於分散根本起不到投資理財的作用。

比如我們每個月計畫定期定額的閒錢是2000元，定期定額兩檔，每檔可以投1000元，這個資金數量比較合適，風險也不大，未來收益可觀；一旦投入七檔，每檔平均還不到300元，未來收益也會很分散……

明明有修一道長城的實力，偏要壘七個土坡，何必呢？

另外，資金過於分散，也會直接影響未來收益。

以文章開頭那個小夥伴為例，他選了七檔基金定期定額，可只要其中一檔表現不好，就會直接拖累整體收益；雖然只選兩檔基金也有可能犯錯，但這個犯錯的比例還是要比七支低多了。

　　更有趣的是，哪怕我直接告訴那些前來詢問的小夥伴我買的是哪兩檔基金，他們還是會一次性選擇多檔基金定期定額。

　　問他們為什麼，是因為對那些基金很有研究嗎？很多人都說並不是，其實就是進到某個投資理財 App 裡，看到系統推薦的基金，就覺得這個應該不錯、那個也應該不錯，然後就直接選了好多⋯⋯

　　每次聽到這樣的答案我都笑而不語，已經習慣了。對我這樣的一個大活人的推薦都能將信將疑，然後做了保守的選擇，對於一個帶有行銷目的的系統推薦，卻還那麼深信不疑，這是為什麼？

　　可能這就是人性吧。

4

　　定期定額七檔基金，其實短時間內並不會覺得怎樣，但是時間一長問題就會來了：

　　首先你會發現，這七檔基金收益一定是不同的，有些表現會很好，可能投資三五個月就會有收益；有的表現卻很差，投資了一兩年還是負的。

　　這又是為什麼？

　　因為不同的基金除了投資風格有所不同之外，基金的掌舵人（也就是基金經理）同樣非常重要。像我推薦的那兩檔基金的基金經理變動並不頻繁，他們甚至好幾年不會變。這意味著基金的投資操作比較穩定，人員也比較穩定，對於基金的操作和掌控都

比較成熟，時間一長，收益就會體現出來。

　　而很多基金經理經常發生崗位變化，特別是每一兩年就換了基金經理的投資品種，坦白講我會勸大家慎重。基金經理對於基金來說，就相當於一個公司的掌舵人，掌舵人的頻繁變化對這個公司的發展一定會有負面影響，基金也是一樣。

　　另外，基金是基金經理來進行投資操作的，只要是人就有可能犯錯誤，基金經理也不例外，也有可能會踩雷，比如如果某檔基金買了爆雷的很多股票，那麼基金的業績必然會受影響。

　　從最簡單的數學機率的角度上來說，七檔基金的基金經理踩雷的機率會遠遠高於兩支，因為人犯錯誤的範圍會大得多。

5

　　那麼，為什麼有的人會覺得選擇七檔基金定期定額會更安全？因為不懂。為什麼不懂？因為沒有去學習，尤其是沒有在投資的實際操作中同步學習。

　　還是文章開頭那位朋友，定期定額七檔基金長達一年多的情況，其實完全有足夠的時間和理由判斷哪檔基金的表現不夠好，哪檔還不錯，那個時候就應該毫不猶豫地進行優中選優，淘汰掉表現不好的投資品種。

　　可以這麼說，如果新手實在沒把握，非要想定期定額七檔基金，那也沒問題，權當它們是一個「基金備選池」。那麼定期定額一段時間之後，我們會發現其中哪些基金表現得更好，那就選

擇表現最好的兩三支予以保留，然後把所有定期定額的錢集中到這兩三檔基金上慢慢等其不斷壯大。

實際上，很多朋友常常會犯讓人啼笑皆非的錯誤，比如他們在選擇基金的時候會特別盲目，只是因為看到系統上推薦，各方面感覺還不錯，在對真實投資情況、過往業績一無所知的情況下就下手買入；當真的看到對方表現不夠理想、應該及早優勝劣汰的時候卻又猶豫和擔心，思前想後最終還是放棄，結果白白錯過調整的好時機。

說來說去還是那句話，大多數陷入這類投資困局的朋友，對投資也好、基金也罷，瞭解都很少，在投資過程中只是單純地想賺錢，對如何賺錢以及應該怎樣賺錢都不甚瞭解，最後反而賺不到什麼錢。

6

接下來就要說到在投資過程中同步學習的問題。

在很多年前我最開始投資理財時，周圍的同行者絕對不只我一人，我們辦公室就有三個人差不多同時開始了基金定期定額，可是十年後，最後能堅持下來的只有我一個。

為什麼？

並不是說我一進來就賺了錢，我之前在文章中曾經講過很多次，我一上來就虧了很多錢，但是這並沒有讓我害怕，相反，我會不斷地琢磨為什麼會虧，究竟是我做錯了還是考慮得不周……最後發現還是我自己太不瞭解投資了。

　　然後我就找了很多書和資料來學習，一邊學還一邊拿到市場上驗證，在這個過程中不斷修正原來的看法。這種學習和瞭解的過程讓我越發確認我當時選擇的投資方式（股票投資）其實完全不適合我，我更應該專注於工作，而讓專業人士幫我賺錢，所以我選擇了基金。

　　選擇基金之後的過程也並非一帆風順，有一段時間虧得也挺多的。很多人在這個時候也會懷疑：我又選擇錯了嗎？

　　而我在同樣經過一番學習和瞭解之後，特別是在複盤了投資股票和投資基金對我個人的影響和變化之後，確定目前的虧損只是因為整個投資市場的信心沒有完全恢復，而並不是我的選擇（基金定期定額）是錯的。

　　確認了這一點之後，儘管我那時已經面臨了不小的虧損，但還是毫不猶豫地堅持下來，而那時候同期開始投資的朋友早早就退出了市場，並且揚言基金很不靠譜，再也不碰它。

　　隨著時間的推移，當我後來遇到人生中第一個牛市，整個基金市場全部翻紅並且盈利大幅增加的時候，我才真正意識到了定期定額的威力。

　　在後面的很多年我不再炒股，把所有的精力放在工作上，而固定拿出收入的一部分作為閒錢投資，保持基金定期定額，一直堅持到現在。

　　如果說之前的投資只是一種自發行為，那麼之後的投資就是目標明確的學習了，這種主動的學習包括但不限於這檔基金的投資風格、投資組合、投資比例、基金經理的投資喜好、操作時間節點以及資訊披露公告。

　　這些東西放在以前我完全不感興趣，但是當它們跟我的錢扯上關係後，我就愛上了它們──這個學習的過程讓我積累了更多的經驗和興趣，我忽然發現這些資訊好像並沒有我想的那麼枯燥……

　　所以，即便你現在真的選擇了七檔基金定期定額也並不可怕，可怕的是你不願意去學習一些必要的基本知識，更可怕的是你不願意透過學習明白該如何調整、如何選擇。

　　在投資過程中的同步學習，真的是比投資本身更珍貴的事。

　　因為投資市場絕對不是一帆風順的，我們每個人在菜鳥階段都可能犯一些特別低級的錯誤。這些並不可怕，只要你保持積極主動的學習熱情，並且在這個學習過程中不斷加以應用，你就會修正之前的問題，保持前進。

　　就像那位朋友，在我給了他建議之後，他說他會調整為只定期定額兩三檔基金。如果他真的這麼做了，那麼現在他應該已經有所收穫了。

即便是定期定額，
也有不同的買法

> 定期定額金額或者比例因人而異，對絕大多數普通人來說，
> 每月投入的費用通常不要超過月可支配收入的25%。

　　對於很多新人來講，投資理財常常是懵懵懂懂中開始，莫名
其妙地結束。說懵懂，是因為很多新人初入投資市場的時候都不
太懂，總是容易受到別人的影響，比如聽了銀行理財經理或者身
邊某個過來人的建議，然後就做了決定。

　　說莫名其妙，是因為大部分新手在投資理財的道路上很容易
受到情緒的影響，比如一陣大跌馬上自亂方寸，或者短期收益不
盡如人意就立即想逃離……不管是哪種反應，其實都是情緒化投
資的表現。

　　對於新人來講，情緒化投資絕對是理財最忌諱的，對賣出是
如此，對買入更是如此。

1

在這方面我有數不清的慘痛經歷。剛開始投資的時候我才20多歲，剛剛工作，什麼都不太懂，當時只是覺得如果僅僅靠薪水收入，在北京過不上自己想要的生活，所以開始嘗試投資理財。

最開始也挺逗的，我去向一個前輩諮詢。前輩問：「你的投資需求是什麼？」我當時根本就不理解什麼叫投資需求，想當然地跟他說：「我希望不賠錢。」

他說那賺呢？我說只要不賠錢，賺多賺少都行。

本來我以為這是一個非常漂亮的回答，這位前輩有很多年的投資經驗，聽了我的回答後就給我推薦了一個產品，我毫不猶豫地買了。

買了之後我每天都看，卻發現這傢伙基本沒什麼動靜，其他的漲得很好，它沒什麼動靜，人家大跌，它也沒什麼動靜。

於是我很納悶地跑去問前輩：「為什麼它沒什麼反應？」

前輩也很納悶地看著我說：「這不是你要求的嗎？」我一頭霧水地問：「我要求的什麼？」

他說：「你要求的沒有風險、賺多賺少無所謂，所以我就給你推薦了一個沒有風險的產品。」

後來我才知道，他老人家給我推薦的是貨幣基金，也就是定期存款的替代品。

定期存款的替代品……媽耶，我是已經七老八十準備退休跳廣場舞了嗎？

　　這時候我才意識到，投資理財光聽別人的是不行的，心裡一定要有數，要去學習，要瞭解自己的情況，要找到夢想和實現夢想之間的路徑，這樣才能做好。

　　即便如此，我在買入這條路上依然走了很多彎路。

　　那時候年輕，想到什麼馬上就幹，一旦下定決心開始理財之後就會不管不顧，先衝進去再說，結果經常碰上市場表現不好、買入後大盤直接掉頭向下的情況。

　　那時候也沒什麼耐心，看到每天收益都是綠的，心裡又難受又著急，進而懷疑自己的決定是否是錯的。

　　相信很多朋友在開始理財之初都有和我一樣的經歷，那麼究竟應該如何做才是最恰當的買入方式？

2

　　跟賣出時一樣，當我們決定買入之前，有很多工作都需要做在前面。

　　首先就是對自我情況的分析和瞭解。

　　如果不做這一步那多半會出問題，就像我前面講的自己的那個例子——我興沖沖地去問前輩應該買什麼，可是那時候我對自己瞭解不足，所以回答他的問題其實是錯誤的。我當時那麼年輕，不應該過於求穩，而應該追求更好的增長空間。

　　聽了我的回答後，他給我推薦了一個並不適合我的投資理財產品，結果既沒賺到錢，又耽誤了時間，並不合適。

現在很多新手朋友也是這樣，在最開始時直接就問我應該買什麼或者應該投什麼。通常我都會多問幾句：

你每月（年）的收入情況是怎麼樣的？
你大概能接受多大的虧損？
你大概預期有多大的收益？
你能持續投資理財多久？
在未來3～5年中，你這筆錢有沒有要用的可能？
……

這些其實就是一個非常簡單的情況摸底，我發現，越是新手對這些事情越不願意多想，一旦決定要投資理財了，就恨不得馬上把錢掏出來扔到市場裡面去，這當然是不行的。

瞭解這種基本情況之後才能得出一些結論，比如你每個月可以拿出大概多少比例的投入，如果未來三年之內有可能用得上，那麼你就不太適合投到時間比較長才有可能獲利的項目當中等等。

3

其次，就算你已經決定了要用定期定額的形式投資股票或者指數基金，也有很多種購買方法。

我們在小學時都學過一道數學題：

如果有一個蓄水池，裡面有一些水，有一個水龍頭在往裡定期注水，問多久可以把池子蓄滿？

這個問題其實特別像我們投資理財的過程。

蓄水池裡原來的水就相當於我們的一次性投入，水龍頭定期注入的水則相當於我們每個月可以定期定額投入的錢，而整個水池的容積則是我們對投資理財的總目標。

當然蓄滿整個水池的速度並不完全取決於此，除了前面三個因素之外，還有整體蒸發量（虧損）和整體降雨量（盈利）。

如果注水加上降雨量低於蒸發量，那麼我們這個月顯然就是入不敷出，整體收益也是下降的；如果注水加上降雨量高於蒸發量，那麼我們就是有所盈餘的。

暸解了這一點之後，投資新手就應該時刻有這樣的意識：

要儘量保證「注水＋降雨量」高於「蒸發量」，這樣才能保證蓄水池裡的水在不斷增加，我們的實際資產也在不斷積少成多、集腋成裘，使投資理財的收益越來越高。

基於這一思路，我們就可以明確：首先要建構一個蓄水池，同時儲備一部分水，剛開始啟用這個蓄水池時根據每個人的財力情況，可以是5000元，也可以是1萬、5萬元。

這種一次性投入的錢就相當於蓄水池中的水，可以起到初期積累的作用。

有了蓄水池，我們第二步就是要建構注水管，也就是每個月

定期定額的那筆投入。

定期定額金額或者比例因人而異，對絕大多數普通人來說，每月投入的費用通常不要超過月可支配收入的25%。

但是也不能太低，比如有些朋友每個月就拿3% ～ 5%的月可支配收入去定期定額。坦白地講這投入的力度太少，相對於其整體財務狀況來說，起不到可能的收益累加和平衡風險的作用。

從我這些年的實踐看，比較合適且安全的比例應該是拿出每個月可支配收入的25%作為定期投入。

也就是說，假如你每月可支配收入是1萬元，那可以拿出2500元作為定期定額投入。

4

我剛開始投資的時候經驗欠缺，所以直接選用了每個月定期定額的方式，並沒有建構「基金投資蓄水池」的概念，結果沒多久就遇上上漲，這時候因為沒有蓄水池，所以無法獲得更高的收益。

這種情況下，我選擇匆忙加倉，結果剛加完倉市場又開始下跌，剛剛投入的錢被套在了裡面；我一慌，又趕緊把加的退出，結果一來一去，不僅一分錢沒賺不說，而且連帶手續費一共虧了5%！

這次經歷讓我明白：即便你懂得了相關原則和邏輯，如果沒

有採取最穩妥和科學的方式，也很容易被市場和情緒所誘導，導致做出不理性的投資行為。

所以後來我會建議新手們選擇「蓄水池（一次性投入）＋定期定額」的方式開始他們的投資理財嘗試。

可能也會有人疑惑，萬一一次性投入之後買到了高點，那怎麼辦？當然就可以靠每個月定期投入的這筆錢來不斷平抑成本。

我們的注水管實際上就起到不斷削峰填谷的作用，只要你堅持下去，蓄水池裡的成本會逐漸降低，最終達到一個合理的平均值。

從這個角度說，在投資之初先拿一部分錢建構蓄水池，再用定期定額建構定期注水管，是理財新手最為穩妥和周到的買入方式。

千萬不要過於擔心一次性建構蓄水池的資金安全，因為我們還有定期注水的那部分資金，進可攻退可守。

而我最開始就因為沒想明白這個道理，吃了不小的虧。

那蓄水池裡的「一次性投入」可不可以有什麼變化？當然可以。

正常工作的人，到了年底手裡通常都會有一筆剩餘資金，比如年終獎金或者收入結餘，如果沒有其他急用，這筆錢可以作為新的一次性投入，成為我們蓄水池的新增部分。

這樣定期定額和一次性蓄水兩條路一起走，無論是蓄水還是定期投入，都會不斷地同步增加，從而加大資金自我防範力度，

達到在獲利的同時增強風險防範能力的目的。

所以你看，和賣出一樣，買入依然是一個數學問題。

投資理財從某種角度上來說就是一個數學問題的衍生，只是很多人到了這個時候已經把小學數學題全部還給了老師。

5

說完蓄水池和注水管的作用，再來分析一下資金比例的問題。

剛才說到我建議正常的定期定額比例應該是在月可支配收入的25%左右。這個比例不太高，不會影響一般人的生活，但也不會太低，不至於投下去連水花都看不見。

有些朋友因為害怕風險或者不太瞭解，把定期定額比例定得過低，比如只投5%，這樣手頭倒是能留下大部分現金，可是因為比例過低，所以在投資市場裡其實對財富增值的意義並沒有那麼大。

特別是考慮到大家多是年輕人，未來收入增長的空間可觀，面臨的風險也可控，在這種情況下太過保守並不合適。

因為有些風險年輕時承受，遠好過中年時去面對。

除了合適的比例之外，不隨便中斷定期定額也非常重要。讀者群裡經常有人說：

「咦，咱們差不多同時期開始定期定額同一檔基金，你的

收益為什麼能夠到30%，我的收益卻只有10%，為什麼差這麼多？」

每當聽到這種情況，我都會下意識地問：「你的定期定額有沒有中斷過？」

他經常就會說因為某種原因，定期定額的確中斷了一段時間，有趣的是，他們選擇中斷定期定額的時間通常都是市場下跌的時候。其實這就是問題關鍵，定期定額很重要的原則就是不能中斷，尤其是下跌的這個過程中更是千萬要克服恐懼，堅持定期定額。

因為下跌時，你會用越來越便宜的價格買到更多的籌碼，而很多小夥伴很害怕下跌，寧可在上漲的時候拿越來越貴的價格買越來越少的籌碼，這顯然是有問題的。

「買漲不買跌」是絕大多數市場消費者的常見心態，但在投資理財上明顯有問題。

很多人在下跌時中斷定期定額，持續注水的過程就被打斷，蓄水池水沒有變，但是注水卻停了，那麼它就成了一潭死水。雖然不會下跌，但是水是會蒸發的呀，就像我們的錢會隨著CPI的上漲或者通貨膨脹的加劇而貶值是一個道理！

6

把買入行為掰開揉碎了講，還是希望大家在投資理財的過程

中，對自己的投資思路一定要清晰。

首先是投資理財的目的要堅定。

舉個很簡單的例子，如果你們是想為未來養老或者家庭財務增長進行遠期規劃，那麼就一定要做一個長期且不會輕易中斷的計畫。這是指你不會中途因為一些有可能出現的事情把定期定額停掉，或者因為一些不重要的原因把它賣掉，過一段時間再買回來。

新手這麼做，理財節奏就會被打亂。不管未來的趨勢是上漲還是下跌，你都有可能猶豫，下跌你會不敢買，而上漲你會覺得自己賣錯了。

所以最好的方式是一旦制訂了計畫就不要輕易去改變它。

此外，就是我們的心態要堅定。

為什麼定期定額比例不要超過月可支配收入的25%，那是因為這個比例是一個相對安全的比例，既不會傷害到你的生活，也不會對你未來財富的增值有所影響。

很多人投資時情緒化嚴重，一旦市場下跌就覺得天要塌下來了，一旦市場上漲就覺得未來江山都掌握在自己手中，哪有那麼簡單！

心態這件事情對新人來說至關重要，而避免情緒化投資則是確保在投資過程中不犯致命錯誤甚至吃大虧的最好辦法。

　　隨著時間推移，新手是會成長的。你會越來越瞭解，投資理財這件事情並沒有那麼玄虛；隨著越來越瞭解，再遇上漲跌你就不會那麼慌了。

　　在賣的時候要周密判斷，在買的時候更要知己知彼，這樣才能為我們帶來更大的收益。

賺了錢的基金
應不應該賣、應該怎樣賣

> 在牛市的時候，你做什麼都是對的，無論買賣；
> 在熊市的時候，你做什麼都是錯的，也無論買賣。

　　有一天接到一個提問，一個讀者看了我的文章後，從 2016 年 11 月開始定期定額，堅持了三年多，基金總收益已經達到 67%，她想問現在適不適合賣？

　　基金定期定額三年多有這樣的收益，說實話已經是非常好的成績，很多人反而會在這個時候產生困惑：該不該賣？賣了之後會不會繼續上漲？不賣的話什麼時候才能有所收益？以及賣了之後要不要繼續買？

　　都說投資市場裡「會買的是徒弟，會賣的是師傅」，前面說了「怎麼買」，今天就來探討一下「怎麼賣」這件事。

1

對於絕大多數理財新手來講，買只是一個起點，有所收益或者說得再直白一點，「賺錢」才是最終目的──如果沒有這樣的一個終點存在，之前所有的隱忍堅持好像都沒有什麼意義。

不管你透過什麼形式理財，基金、定期定額、股票或者其他，在經過一段時間獲得一部分收益後，其實都會面臨如下問題：該不該賣？什麼時候賣？以及怎樣賣？

我一直建議讀者，尤其是年輕的讀者在努力工作的同時，借助基金定期定額這樣簡單安全的方式，幫助自己實現長期的財富增值。事實上的確有很多讀者是這麼做的，就像文章剛開始提出這個問題的小夥伴。

2016 年 11 月，我開始在微博以專欄的形式，建議年輕讀者以基金定期定額作為長期的理財方式，那時候她就開始了嘗試。

當然我並不能預知未來，所以從來也不會跟大家拍胸脯保證一定會怎樣，我只是憑藉過去的經驗說：

如果基金定期定額堅持超過三年，絕大機率不會虧損。

時間一晃過了三年半，這個小目標真的達到了，然後問題就來了，要不要現在獲利了結？

無論買還是賣其實都是一個數學問題，在生活中找到這個問題的最優解才是上策。

「什麼時候獲利了結」的確是困擾很多新人的問題，對於新手來說，通常有三大原則可以幫助你做出這個決定。

第一是時間原則。

大多數人在投資之初都會給自己計畫一個時間，那麼只要我們投資的時間達到這個計畫就可以賣。比如，如果我們計畫投資三年，那滿了三年，不管虧賺隨時都可以賣。

第二是比例目標。

所謂比例目標，就是在理財之初給自己設定的一個盈利目標，一旦達到這個目標，就意味著我們可以隨時準備出手。

假如我們計畫每一年理財的平均收益目標是10%，那麼三年後只要年平均收益率達到這個目標就可以賣。顯然，67%的收益率已經遠遠超過了這個目標。

第三則是數字目標。

這個就更好理解了，不管我們投了多少錢，只要最後收益達到預期數字就可以選擇賣出。

比如，我們在理財之初預期賺到6000元就可以，不管我們投了3萬元還是1萬元，只要我們的盈利數字達到6000元，那麼就可以拋掉。

2

時間、比例以及數字三大賣出原則是絕大多數理財新人用以判斷是否可以獲利了結落袋為安的最簡單方法。但是放在具體的操作過程當中，可不可以賣和怎樣賣依然是兩個問題。

賺了錢應該怎樣賣？

這個問題很多新手聽了都會覺得有點不明白：把它直接一掛單賣了不就完了？

你就不怕你賣了之後大漲？實際上，不管是基金、股票還是其他理財產品，絕大部分投資產品都會存在一個科學的獲利了結方式的問題。

有一句話叫買漲不買跌，這是市場裡一個普遍的消費心理：

絕大部分人在決定購買一樣東西的時候，常常看中它未來良好的增值前景，比如房產或黃金等高價值的物品，上漲時的行情遠比下跌時候火爆得多。這種消費心理其實在獲利了結的時候同樣適用，那就是「賣漲不賣跌」。

所謂賣漲不賣跌，就是選擇在市場大方向上處於上漲趨勢中的某個賣點進行賣出，成功率要遠遠高於市場在下降通道中時進行賣出。

這是因為一旦市場進入下降通道，常常會跌得非常快、非常狠，有些時候甚至讓你來不及反應。

另外，通常新手在面臨下跌過程時又不會那麼果斷，甚至產

生濃厚的惜售心理，經常下意識把下降的價格和以前的高點價格進行對比，從而延誤賣出時機。一旦繼續下跌，還會造成一些心理恐慌，從而影響精準判斷。

所以對絕大多數普通投資者來說，應儘量選擇在上升通道賣出。因為這個時候人的心態更為穩定和平順，投資產品常常會連創新高，在這個過程中賣出其實是很少犯錯誤的。

別忘了那句話：

在牛市的時候，你做什麼都是對的，無論買賣；在熊市的時候，你做什麼都是錯的，也無論買賣。

3

有些人就會想：如果我賣了它又繼續上漲怎麼辦？好不容易等了那麼久，卻沒能享受利益最大化，怎麼想都會讓人覺得有點可惜。

其實這也是一個特別常見的問題，但我想說的是：

一、永遠不要奢求自己在最高點賣出。

就像你絕對不能要求自己在最低點精準買入是一樣的，對於一個普通的投資者來講，我們要做的其實就是在相對低點買入，在相對高點拋出即可。

二、我們的確可能無法收益最大化，同樣我們也儘量不要讓自己犯錯。

因為投資從來就不是比誰活得好，而是比誰活得長。在無法實現收益最大化和犯錯之間，我永遠會選擇前者。

除此之外，我們還可以用不同的賣出方法去規避這個擔憂。沒錯，不同的賣出方法也可以保證我們進退有據。

方法一：完全清倉法。

完全清倉法是最簡單粗暴的獲利了結方式。當我們持有到一定時候，滿足了自己提前設定的清倉條件，比如上面那三個必要大原則中的任意一個（持有達到目標年限、獲利達到目標比例、盈利達到目標數字），就可以把它全部清倉。

完全清倉的好處顯而易見，一方面是直接鎖定了本金的安全，另一方面是獲得了全部收益的落袋為安。

但是完全清倉法也有一定的隱憂，那就是如果市場處在不斷向上的上漲通道，要在上漲通道中全部減倉其實也挺考驗人的判斷的。

舉個例子，當你的基金從1元漲到了1.5元，並且有可能後市還會上漲時，你會賣嗎？也許絕大多數人都不會賣，因為總會覺得能漲得更高，如果那樣就很可惜。

萬一下跌了呢？在這種情況下，就可以用後面兩種方法來進行賣出。

方法二：三三減倉法。

所謂三三減倉法，顧名思義就是把你的投資款連本帶利算成一個整體，當我們無法確知後市是否還會繼續上漲，又不願意因為過早全額拋出有可能損失後面的獲利機會時，那麼就先減倉三分之一。

剩下的三分之二保持觀望，如果繼續上漲到了一定位置，我們可以繼續減倉三分之一，進一步保持觀望；如果再繼續上漲，漲到我們覺得它有可能下跌的位置就全額拋出。

「三三減倉法」不僅可以保證不錯過可能的更大收益，同樣也能夠避免更大的虧損甚至攤薄成本：

如果我們賣掉第一個三分之一後，它下跌了，那麼跌到一定的位置，我們可以把之前賣出的三分之一再買回來，這樣就實現了一次高拋低接。

當然考慮到手續費以及投資者經驗和心態方面的因素，並不建議新人或者小白貿然採用。

如果賣掉三分之一後，大盤繼續下跌，甚至到了我們認為危險的節點，那我們也可以選擇全部拋售或者拋售絕大部分，留下來的小部分就可以用來當「哨兵」，繼續留在市場內觀望，等待新的投資機會。

方法三：盈利變現法。

所謂「盈利變現法」就是當我們的盈利達到既定目標後，可

以直接把盈利部分賣出，從而實現落袋為安，而本金部分則留在市場裡繼續等待機會。

假如我們投入本金是3萬元，最終實現了50%的收益，也就是15000元，連本帶利45000元。當我們想變現的時候，可以選擇把所有的盈利變現，也就是說賣出15000元，剩下3萬元繼續用作本金滾動。

這樣做的最大好處就是你可以實現落袋為安，把之前所實現的盈利全部入袋，一方面是鎖定收益，另一方面也會給自己一個心理暗示，反正收益已經在荷包裡了，那麼留在市場裡的那部分就可以繼續博弈。

如果我們在鎖定收益之後市場上漲，留在市場裡面的那部分會繼續幫我們賺錢；如果出現下跌也沒關係，至少我們的收益已經在自己口袋裡了。

無論「三三減倉法」還是「盈利變現法」，和方法一之間最大的區別就是並不是完全退出市場，至少市場中的那部分還是有可能實現盈利的，當然也有可能虧損。

4

投資理財有一個非常簡單的數學邏輯，那就是力爭在低點買入、高點拋出。而加倉或者減倉，則是對這個邏輯進行驗證的過程。如果你認為後市向好，那就加倉，反之則可以減倉。

不管你用了哪種方式，只要減倉，我都會建議耐心等待一段時間後再做下一步決定，不要急著再次進入。

特別是一旦「完全清倉」之後，一定要記住一個原則：

在短時期內市場的漲跌都與你無關，千萬不能因為後面市場發生變化，在短期內又衝進去，那樣絕大機率會虧損。

換成更直接的一句話：既然選擇了獲利了結，那就要控制一下你奔放的小爪爪，按捺一下你騷動的心靈，別急著再衝進去。

別問我為什麼給這樣的建議，因為我過去也曾經因為沒有控制住自己、沒有按捺住騷動的心靈，結果有了很多不好意思說的慘痛教訓。

等待的這段時間不僅是實現落袋為安，更是以旁觀者的身分對自己過去一段時間的操作進行梳理和總結，同時還需要做另外一件事，那就是密切關注市場動向、環境變化以及政策變化。

身處其中和置身事外其實對投資者心態有很大的不同影響，對新手積累經驗也是一個非常好的機會。所以在減倉之後，你需要注意三件事。

第一，既然已經減倉就不要急於再次衝入。

比如很多人好不容易做了減倉的決定，在減了三分之一後沒過兩天又急忙買了回來，結果非但沒有套現，反而損失了一筆手續費。這其實不叫減倉，叫瞎折騰。

通常如果我決定減倉，那一定是我判斷上升趨勢已經基本進入尾聲，即將開始下跌趨勢。如果我無法判斷或者認為這只是一

個上升趨勢中的暫時回檔，那麼我不會貿然減倉。

　　只要減倉，我至少會放半年到一年甚至更長，直到整個大盤改變趨勢再進入上升通道，並且要達到我認為合適的空間才會再次買入。這番等待雖然漫長，但對於普通的操作者來講是磨練心態、積累經驗的最好時機。

　　第二，如果對後市判斷不明，但又不願意面臨利潤有可能變薄的風險，那麼建議大家採用後兩種方法減倉。

　　這樣既可以把利潤變現，又能在場內保持一定的籌碼。當然這樣做的風險也是有的，一旦市場進入下跌趨勢，這些籌碼也可能因此被套住。

　　第三，當你做了決定之後，就一定不要患得患失。

　　很多人做決定的過程很糾結，一會兒想減一會兒不想減，減了之後想買進，買了之後又想賣出。這樣一是影響自己的心態，二是有可能造成意想不到的損失。

　　有些人會覺得，萬一要是減倉的判斷錯了呢？其實判斷錯了也沒有什麼，在投資市場上一次判斷錯了並不能說明什麼，再說投資機會經常會出現，不要總覺得人生只有一次致富的機會，錯過這次就沒有下次了。

　　實際上，我也做過不少錯誤的決定，也吃過很多虧，不過當心態變好之後，很多問題便不再成為問題。

　　如果你拿不準，可以先不要貿然減倉。如果你一旦決定減倉，那麼至少在市場再次走好之前不要急著衝進去，否則很容易犯錯誤。

　　在等待的過程中，你可以做的事除了等待之外，還可以買入沒什麼風險的理財產品如債券基金，等待下一次機會的到來，這樣一張一弛才不會時刻都緊繃著神經。

　　如果你實在覺得市場趨勢不好或者有可能徹底變壞，也可以減倉90%，手裡留個10%。之所以要留10%，是因為它可以幫助你在減倉階段不斷觀察市場的變化，把握下一次投資機會。

　　千萬不要認為全部清倉之後你還會關心市場，徹底離開之後人的嗅覺或感知都會鈍化。如果你希望自己長時間保持敏感，記住我的話，最多減倉90%。

　　這就是關於「賣出」的一些經驗，希望對大家有所幫助。

年底把賺錢的基金贖回
犒賞自己有沒有問題

> 問題並不在於忙碌了一年，也不在於犒賞自己，而在於你的
> 決定都來自「投資有所收益」這一點上，在於你犒賞自己的
> 錢出自哪裡。

前幾天讀者群裡一個朋友問我：「刀哥，馬上就要過年了，今年是我開始理財的第一年，沒想到收益還不錯，我想犒賞一下自己，你覺得可不可以？」

剛開始我還沒太在意，覺得這不過是人之常情，順口問了一句：「那你準備怎麼個犒賞法啊？」

沒想到他說：「我想把這筆錢拿出來，帶著全家來一次國外旅遊。」

我非常不解，想了想，問了一個問題：「如果今年的行情不好，投資理財收益是負數，那你會另外拿出一筆錢來填補這個虧損嗎？」

他一愣：「應該不會。」

既然如此，在投資剛剛開始不到一年、略有盈利的時候就琢

磨著摘果子，是不是太早了一點？

1

收成好的年景，到了逢年過節的時候犒勞一下自己很正常，但那更多發生在我們一直深耕積累的行業或者實體經濟領域，而對一個剛剛開始在投資理財的道路上摸索和嘗試的新手來說，答案往往正好相反。

還是那句話：控制一下你奔放的小爪爪，按捺一下你騷動的小心靈。

這個讀者剛開始基金定期定額投資不到一年，總金額也不高，最開始一次性買入的本金和後來的定期定額總數加起來還不到3萬塊，2019年整體行情不錯，他的整體收益接近20%。

我記得大半年前，他剛開始基金投資時給自己定下的目標是：

1. 堅持基金定期定額至少三年；
2. 用自己的閒錢來投資；
3. 不輕易改變這個計畫。

這也是我在群裡給絕大多數朋友的建議，因為我自己也是從完全不懂的小白狀態一步步走到今天的。我太知道作為一個普通人在最開始理財的階段會面對什麼，比如在上漲的時候會擔心什麼，在下降的時候又會後悔什麼。

在過去20年中，這個循環往復的過程我經歷過很多次，現在早已經很淡定了。

而絕大多數剛剛開始投資理財嘗試的朋友，大多都很年輕，在成年人的道路上剛啟航沒太久，無論是工作、學習和生活都面臨很多挑戰，想嘗試的東西太多，沒頭緒的地方也太多。也正因為如此，投資理財對他們來說就像是一扇以前從來也沒有打開的大門，只是現在剛剛推開了一條門縫，看到了一個完全不一樣的世界而已。

可就是這個剛剛接觸到的世界非常光鮮亮麗，可以讓你目眩神迷，同樣也可以讓你沉陷其中。

而任何一個讓你沉陷的東西，都有可能是陷阱，讓你暴露出自己人性上的弱點。

2

一定有人會覺得奇怪，忙碌了一年又有所收益，犒賞一下自己，難道都成問題了嗎？

還是換個角度問：

如果這一年行情不好，投資理財有所虧損，那你還會取出這筆錢來犒賞一下自己嗎？或者願意補償一筆錢填補虧損嗎？

絕大多數人的答案應該是否定的。

為什麼？

　　問題並不在於忙碌了一年，也不在於犒賞自己，而在於你的決定都來自「投資有所收益」這一點上，在於你犒賞自己的錢出自哪裡。

　　用短期投資收益犒賞自己和用薪資收入犒賞自己，同樣一件事情，其實中間的邏輯並不相同：

　　短期投資收益是帶有強烈偶然性，並且可能不會長時間持續，你如果用薪水犒賞自己就會心安理得，因為薪水的未來收益是持續必然的。

　　這是兩者間最本質的區別。

　　我的讀者大多年輕，就像我最開始剛剛嘗試投資理財時一樣，完成學業、工作穩定、收入略有盈餘，但又不足以應對生活的所有開銷和未知風險，他們的理財是在這樣的情況下展開的。

　　這其實是介於青年和中年時期之間的特殊階段——脫離了相信人定勝天、做什麼事都興致勃勃、一往無前的年輕時代，但也遠遠沒有到老謀深算、未雨綢繆、一切盡在掌握的中年時期。

　　這個階段需要做很多的鋪墊和準備，而物質財富的積累絕對是非常重要的一環，因為稍微有些生活經驗的人都知道，未來我們需要面對的絕大多數生活問題的解決都要靠物質支持。如果你解決不了，很大程度上是因為你的物質積累還不夠。

　　這個階段也是開始投資理財最好的階段，因為這時大家還年輕，父母身體健康，多數人還沒有太重的家庭負擔，經濟上也會有所盈餘，這個時候投資理財是一個很好的開始。一旦真的到了

需要用錢的時候，投資收入就能作為有力的補充。

也有人會問：賺錢是為了什麼？當然是為了更好地享受生活，既然這樣，犒賞一下自己並沒有問題，那你為什麼還會不贊成？

原因不外乎以下兩點：

3

一、打破了原有計畫。

絕大多數朋友在剛開始投資理財的時候都做了計畫，至少投資三年、用閒錢來投資、不輕易改變計畫就來自於此。

但是「犒賞自己」這個決定打破了我們制訂的這個計畫：

首先投資時間並不滿三年，另外也就是運氣好，很多人才能在投資剛一年時就遇上2019年的「猴市」，基金定期定額的形式決定了它非常適合這種上躥下跳的股市。儘管大盤這一年並沒有太大變化，但我們依然賺了很多。

就因為如此，我們就早早地把它取出來享受嗎？

換言之，如果是在2018年股市出現大幅度調整、基金虧損普遍達到30%左右的時候，你又該怎麼辦？顯然應該是用現在積累的盈利去攤薄可能的虧損，這樣才能一步步做大。

我之前說過，很多初級投資者最大的問題就是「輕而易舉地制訂計畫，然後又輕而易舉地打破自己的計畫」，「犒賞自己」就是這樣的例子。

二、混淆了資金來源。

　　剛才說過，對於投資理財的資金投入，有一個很重要的規則就是一定要用「閒錢」來投資。閒錢意味著你在未來的 3 ～ 5 年內都不需要用到這筆錢，而且更多的生活必備開銷來自這筆閒錢之外的收入部分。

　　所以，年底犒賞自己的資金來源，根本就不應該打「投資理財資金」的主意。

　　明明有其他資金來源，那為什麼還會動投資理財的心思？不過是因為看到賺了錢，覺得可以享受一下，從這一點上來講，同樣沒有遵循自己事先制訂的計畫。

　　歸根究柢還是一句話，投資理財的市場上最可怕的，不是讓人輕而易舉地虧了一大筆錢，而是輕而易舉地讓人賺了一筆錢，因為這樣容易讓人失去對市場風險的敬畏，隨心所欲地做自己想做的事。

　　就像這位朋友，自從基金賺了錢以後就完全忘了自己以前剛開始理財時的忐忑不安以及猶豫，全是如何把已經賺到的錢拿來享受的想法。當初他開始理財並不是為了簡簡單單地去做一次年底旅遊，而是為了防範生活中可能出現的未知風險。

　　旅遊是生活的一部分，但絕對不算未知的風險啊！

　　那算什麼呢？充其量算是心血來潮。

4

　　普通人在投資理財的時候，一定要抵抗住這種心血來潮的誘惑。這種心血來潮想著很爽，但它是破壞原有規則和計畫的動因，也是投資理財的大敵。

　　這就像很多年前身邊不少人曾經跟我一樣開始基金定期定額的嘗試，他們中的很多人一開始也制訂了很好的計畫，但是短的幾個月，長的一年多，就因為各種原因停止了，很少有像我這樣一堅持就是十多年的人。

　　有時候我們也會就這個話題做一些交流，就像我在文章中跟大家交流過的一樣，唯一的區別就是：

　　那時候的我，因為剛剛開始，經驗不足，實力也不強，還看不到自己未來能處於怎樣的位置，投資理財能夠讓我擁有怎樣的收穫，所以選擇了堅持。很多人覺得：你都沒做到，我怎麼相信你？

　　快20年過去。事實已經告訴我，當時的想法是對的。

　　如果我自己沒有做到，相信寫出來的文章大家也不會認真去看。即便如此，我現在依然在堅持，絕不輕易打破自己制訂的規則，因為我想看一下，到60歲的時候，我的財富邊界能夠延伸到哪一步。

　　如果不能遵循自己為投資理財制訂的紀律和計畫，我不可能走到今天，更不用說期盼60歲之後的人生了。

　　投資理財這件事，最重要的就是跟人性的弱點做鬥爭。人性的弱點包括但不限於虛榮、貪婪、膽怯、猶豫、隨意，這些弱點

只有用堅定的執行投資計畫來克服。

5

對於年輕人來講，很容易因為已經到手的微薄收益，忽略掉在未來等著你的巨大未知收益。

就像我曾經聽過無數的人說過：普通人靠投資理財致富？你說的都是虛無縹緲的事！

作為一個普通人，我已經在近20年後把當時覺得虛無縹緲的事變成了事實，而說這些話的那些人早就看不見了，更不可能達到我現在的程度。

因為他們要嘛沒開始，要嘛早早終止了自己的計畫。

說實話，現在的朋友比我那時候幸運多了。不說別的，我剛開始投資理財真的是吃了很多苦頭，吃過很多虧，然後一點點摸索，想找一個能商量、給自己出點意見和建議的人都沒有，因為絕大多數人都不太懂。

現在至少我還能夠給大家一些建議，雖然這些建議未必是對的，但至少它不會讓你犯太大的錯。

之所以說投資理財會讓人打開一扇新的大門，那是因為在這些年的經歷中，我越來越深刻地體會到：

商業真是人類社會中最成熟也最高級的關係，它不僅包括財富的增長，也包括人心智的成長。

很多人雖然已經開始了投資理財，但是骨子裡並不太相信這種方式真的能夠致富，甚至真的能在未來解決自己金錢上的需

求。這種不信任一方面來自金錢教育的缺失，另一方面也來自對未知生活的恐懼。

投資理財市場並不總是單邊上漲，如果你遇上2017年或者2019年這兩年，那麼你絕大機率會賺錢；如果你遇上的是2016年或者2018年，那麼你極有可能會虧損。

對於大多數人來說，對虧損的恐懼要遠遠超過收穫的喜悅，而周圍無論是公開輿論市場還是私人管道，對於虧損的傳播力度也遠遠超過盈利。

如果你真的這麼想，那就錯了，因為大部分賺了的人是不會告訴你的，而虧的人喜歡分享出來讓大家同情一下。

這種現實影響會給人關於「投資理財能不能致富」帶來很大的不信任感，而這種不信任又會讓很多人一旦有所收益之後就急著想退出，而不是謀求更遠的發展，就像開頭提到的那位朋友一樣。

他明明制訂了三年的投資理財計畫，剛剛一年有所收益，就想著把所有錢拿出來去旅遊，說白了還是從內心深處沒有意識到理財這件事情真的能夠在未來幫到他什麼。

6

我當然不是反對大家過年的時候對自己好一點，但我更希望的是：

就像我們之前在做原始資金分配時一樣，投資理財是一筆

「閒錢」，而我們年底安慰自己也好、獎勵自己也好，用的是其他資金結餘，而不是這筆本來是為了錢生錢存在的「閒錢」。

　　我並不相信大部分人的可支配資金就只剩投資理財帳戶裡的這些錢了，如果是這樣，那就根本不會是「閒錢」，而是生活必需開銷了。

　　還有，之前問到的那個問題，如果理財虧了你會補嗎？絕大多數人都不會補，為什麼？

　　前面已經說過了，買漲不買跌是投資理財時常見的一種心理現象，這就跟買房子一樣：真正促使人踴躍下單的是房價迅速上漲的預期，而不是房價大幅下跌的預期；當房價下跌的時候，資金投入的量一定會減少，這就相當於在市場整體下行的年份投資理財的資金體量會變小是一樣的。

　　只有那些在下跌階段也敢堅持投入的人，才會獲得更高的收益。

　　凡是在上漲年間就希望把所有的錢都取出來獎勵自己的人，那麼到了下跌的時候絕大機率也不會堅持投入。

　　那些堅持投入的是少數人，最後賺大錢的常常也是少數人，因為大多數人會敗在自己人性的弱點上。

　　逢年過節了，對於一個新手來說，應該用餘錢去獎勵自己，而不要惦記著投資理財帳戶裡的錢。要知道，我們的目標真的是在三年甚至更遠以後，而不要在剛剛開始一年時就想動用了，再

說了，幾萬塊錢的15%又能有多少收益？

　　撿了芝麻丟了西瓜，是我們拿來嘲笑別人的話，但在生活中經常在自己身上上演。

　　不怕賊偷，就怕賊惦記，我們就是總惦記著自己那點投資款的「賊」。

暴跌時要不要跑？
想想最開始時你的承諾

> 投資市場裡只有貿然退出的時候，帳面虧損才會成為真實虧損；一旦你退出，手中就徹底沒了籌碼，遇上反彈就只能望洋興嘆。

2020 年春節長假，新冠疫情突如其來，手機微信就接連不斷接到網友的詢問：疫情嚴重成這個樣子對經濟是否有影響？

我納悶：這些網友平常都對宏觀形勢不怎麼看重，怎麼突然會問這個問題？

他們馬上著急地告訴我：「你忘了，我可是聽了你的建議買了基金的啊。」我頓時明白了。

我告訴他們，短期影響肯定是有的，但是長期影響未必。

他們聽了，將信將疑。

1

事與願違，2020 年春節長假之後的第一個交易日，因為新

冠疫情的影響，中國Ａ股應聲大跌。

　　本來節前因為疫情防控的種種消息，股市大盤已經從3000多點跌到了2900多點。這一天更是「飛流直下三千尺」，直接跌了8%，一下跌到了2600多點。

　　這一天基金的收益損失慘重，即便是按同比例計算，虧損至少也達到了8%。

　　這一天慘烈的下跌，讓人有那麼一瞬間想起了2015年的股災千股跌停時的慘烈場面。微信、微博上又開始不斷有朋友發來訊息問：

　　市場暴跌、千股跌停時，我是不是應該拋掉手裡的基金？

　　面對這樣的問題，我還是堅持自己的看法。暴跌時不應該輕率拋掉基金，也不應該退出市場，雖然疫情防控對經濟有一定影響，但綜合過去中國防疫的情況看，那種負面影響不是長期的。

　　可是這些話，很多人都不怎麼聽得進去，特別是那些最近這段時間才開始涉足投資理財、嘗試基金定期定額的朋友，他們已經被指數一天幾百點的下跌嚇壞了。

　　對他們來說，這就是真金白銀的損失。無論怎麼做心理建設、周圍的人（比如我）如何勸說，都緩解不了他們心頭的那份恐慌。

　　還有些朋友，儘管嘴上說「好，我一定堅持」，暗地裡還是抵不過恐懼的威懾，悄悄地選擇把基金拋售，在那一天選擇了把所有基金清空。

他們的解釋聽上去貌似也有些道理：

今天跌成這樣，明天、後天肯定還會下跌，那我不如今天賣了，等到更低的時候再給買回來。

事實上，市場根本不會給你第二次機會。

節後第二個交易日，大盤就開始應聲反彈；

第三天繼續反彈；

第四天同樣大幅反彈……

就這樣，之前暴跌的大盤一直從最低點的2600多點反彈到了節前的2900多點，暴跌那一天拋售基金的人短期內很難再有平價進入的機會。

而那些在節後第一個工作日大幅損失的基金，已經在後面的反彈中迅速地挽回了失地，不僅如此，還再攀新高。

以我一直定期定額的基金之一為例，大跌那一天淨值從2.05元直接掉到了1.89元，幾天反彈後的淨值已經回到了2.22元……

這時候，那些在大跌時選擇退出的人才後悔不已。重新看市場的走勢，他們悲慘地發現，自己恰恰選擇了在最低點的時候賣出。

投資理財從來就是這樣，順風順水的時候看不出什麼，只有到風雲突變的極端狀況，你才會明白自己是否有足夠的知識儲備和性格定力去做好投資理財這件事。

2

暴跌的時候，很多人其實是被瞬間滑落的虧損數字嚇著了，

但有句話大家一定要記住:

投資市場裡只有貿然退出的時候,帳面虧損才會成為真實虧損;一旦你退出,手中就徹底沒了籌碼,遇上反彈就只能望洋興嘆。

在實際操作中,很多人把帳面浮動虧損當成了真實虧損,從而影響了心態和決策。

暴跌的那天,我一點也不慌張,因為在過去將近20年的投資理財生涯中,這已經不是我第一次遇上這樣的極端情況了:

2007年的半夜雞叫,2009年的重回千點,還有2015年的瘋狂殺跌……

經歷的次數多了,你就會知道暴跌其實並不太可怕,因為上述所說的每一次暴跌,後來收益都再創新高。相比之下綿綿陰跌才更可怕,因為那傷害對普通投資者來說是溫水煮青蛙,你不知道怎麼就掉進了虧損的深淵,中間連一點反抗的餘地都沒有。

後面連續幾天的走勢證明了我的判斷是正確的,一天暴跌之後幾個交易日的反彈,之前的損失就全部挽回,而且還多了10%。

這幾天裡我做了什麼嗎?我什麼也沒有做,甚至連大盤都沒有看,帳面上卻真的多出來10%。這10%,是過去經驗給我的獎勵。

3

再說到那個關鍵問題，為什麼我覺得疫情對於中國的整體經濟形勢並不構成決定性的影響。

第一，像這樣的突發疫情實際上是一種突發情況。

在投資市場通常叫作「黑天鵝」事件（指沒有徵兆、完全無法預料的突發狀況），它與經濟的基本面無關，它的出現也不是任何一條經濟運行規則產生作用的結果。

它有可能會給國民經濟帶來一定影響，但並不會左右中國經濟發展的整個大局。

第二，中國人已經不是第一次經歷這種場面。

很多人擔心疫情發展對整個實體經濟的影響，進而影響每個人的真實收入。這一點特別能夠理解，就像當時街頭上看不到人，超市裡也很少有人逗留，餐館全部關門，電影院全部關門，連健身房都關了。這種規模的防疫形勢能對經濟沒有影響嗎？

不要忘了，至少中國人並不是第一次經歷類似的事情：

2003年「非典」（SARS）的時候同樣如此，那時候包括北京在內的全國大中城市所有非必要娛樂活動基本都按下了暫停鍵，人儘量不外出，整個城市包括體育館、電影院等一切非生活必需的場所全部關停，直到疫情徹底結束。

2003年和2020年，中國的經濟體量、人員流動規模已經完全不可同日而語，今年的影響和損失要大過2003年，同樣，中國經濟的韌性、強度和抗擊打能力也相應有了大幅度提高。

另外，從「非典」的例子就可以看出，像這樣的疫情對於經濟的短時影響是有的，一旦恢復正常，重新獲得動力的經濟也會非常強勁，甚至會出現較大規模反彈。

而投資理財，從來就不能僅僅考慮時點，而要考慮趨勢。

第三，疫情總是會結束的。

像新冠肺炎這種呼吸道傳染疾病，只要及時切斷傳播途徑，疫情就能夠得到控制。就像「非典」在秋冬天的時候一度肆虐全球，隨著防控措施的升級，疫情迅速被防控住。

除此之外，疫苗的研發、人們的重視以及強大的社會動員能力，也能夠幫助疫情防控在國內取得良好效果。

4

除了上面這些原因之外，還有非常重要的一點，即便經濟在短時間內會受到一定程度的影響，也不要忘了國家有關部門對宏觀經濟的調控作用：冷的時候加把柴，熱的時候降點溫，以保持經濟的整體向好。

即便受疫情影響，經濟形勢有可能下滑，有關部門極有可能會推出一些經濟刺激政策，就像金融危機時期的美國、日本一

樣。

就像2008年全球金融風暴後，中國推出了4兆經濟刺激計畫，對當時整體經濟形勢的把握還是非常有前瞻性的。

上面這些其實是非常宏觀層面的觀察，我只是覺得，相對一時漲跌來說，把握住這樣的大方向更為重要。

因為不管從哪個方面看，中國依然是世界上發展最快的經濟體之一，這個態勢目前並沒有顯著變化，所以個人完全不用那麼擔心。

從目前呈現的狀況看，在經歷了幾個月的疫情防控和短暫的社會生活停擺之後，隨著瞭解的不斷加深和疫情措施的逐步顯現，生產生活開始逐漸恢復到往日的狀況。人們的生活會恢復平靜，經濟發展也會重新走上正軌。

5

有人說：你說的這些東西都太大了，對於普通投資者來說，我只關心如何能不讓投資虧損。

這又回到那三個重要問題了：

1. 我們是為了什麼投資理財？
2. 我們在投資理財之初做了哪些承諾？
3. 我們進行投資理財真正的作用是什麼？

這三個問題之所以重要，是因為它們決定了我們適不適合做

投資，以及投資能不能給我們帶來真正想要的東西。

第一，我們為了什麼投資？

很多人在投資理財之初都是說為了長期的收益，為了給生活和未來增添一道風險防火牆。這個想法當然是對的，但實際操作過程中，你就會看到很多人開始的時候想的是長期收益，一旦碰上一點風吹草動就會早早地偃旗息鼓，擔心收益變成虧損。

世界上任何事情都是相對的，有收益就一定會有虧損，有收穫就一定會有風險。如果你想獲得完全無風險的收益，那麼只能去存款，即便是存款同樣也會面臨通貨膨脹的風險。

真正沒有風險的投資是不存在的。如果你不敢面對虧損，那就一定別奢望收益。

第二，我們做了哪些承諾？

我們的承諾是用閒錢至少投資三年不打退堂鼓，可是很多人開始才不到一個月、兩個月，就因為碰上這一次大跌馬上慌忙地退出，生怕造成更大的虧損。結果他們一退出就成了真正的虧損，而大盤後面的連續上漲又徹底錯過，再也沒辦法重新進入。

這就是理財新手最常見的情況：踏空。

還有的朋友，投資差不多有一年多，這一年多的市場相對比較平穩，所以看到的基本都是比較穩定的收益，但是像這樣一天跌去8%的場面從來沒有遇到過，所以一下就慌了，從而選擇了

拋售。

　　不管是哪種情況，說實話都沒有完成當時「至少投資滿三年」的承諾。

　　之所以說三年，是因為這個時間說長不長、說短不短，足以讓人學到很多基本知識，讓人充分瞭解經濟運行的規律，最重要的是積累一定的經驗。

　　可是很多人根本做不到。

第三，投資理財的作用究竟是什麼？

　　之所以把這個問題單列出來，是因為它非常重要。

　　坦白說最開始投資理財的時候，我只是單純地希望多賺一點錢。隨著這些年的成熟以及對外觀察的增加，我發現理財這件事帶給我的還真不僅僅是賺錢。

　　舉個很簡單的例子，我一直不建議年輕人去炒股，因為這樣會佔用太多的時間。如果把這些時間拿到專業上去努力、去學習，同時用基金投資的方式代替炒股，完全可以既把工作做好，又有額外的錢生錢的方式。

　　我自己在明白了這一點之後，大概從2005年之後就再也不炒股了，把大部分時間和精力放到工作上，而投資這一塊全部由基金定期定額來完成。

　　經過了這麼多年的積累，我發現這個決定無比正確：

　　工作並沒有因此受到影響，投資也沒有停止腳步，兩條腿都在往前走，兩個方向都在創造以前沒有想過的高峰。

　　即便到了現在，因為疫情給工作帶來一些影響，讓收入有所減少，但是我一點也不慌。

　　這就是持續不斷、積少成多、集腋成裘的投資理財帶給我的幫助，即便生活中出現疫情這樣完全無法預料的黑天鵝事件，即便我們的工作和收入會受到一定影響，這麼多年的投資理財也已經悄無聲息地為我建構了一道風險防火牆。

　　不慌張對於現在這個階段的普通人來說是多麼重要的一件事。即便在未來幾個月甚至半年當中收入受到一些影響，它依然能夠幫我們穩住生活這條大船，讓它不至於傾覆。

投資理財帶給人最重要的收穫就是安全感。

　　這種安全感跟你在做什麼工作沒有關係，跟你現在賺多少也沒什麼關係。因為不管你做什麼工作、賺多少，生活中的意外都會發生，就像這次疫情一樣，完全讓人意想不到。

　　當我們面對這些意外心驚肉跳，甚至開始想著把錢從基金裡撤出的時候，不妨想一想：

　　我們做到了最開始的承諾嗎？如果沒有做到，那你的決定多半就是錯誤的。

第三章

為什麼有些人
沒法變有錢

為何簡單有效的理財沒人學

> 如果你堅持下去，總有一天你會獲得回報；
> 如果你不堅持，肯定無法獲得回報。

　　不止一個讀者透過私信問：「能不能告訴我，該如何安全地賺錢？」

　　對這樣的新讀者，我通常都會很耐心地根據他們的具體情況給出一些建議，比如循序漸進，再比如積少成多。

　　這樣的建議他們通常不太滿意，然後又會略有些含蓄地問。聽著聽著我忽然明白了，他們其實想問的是：「有沒有可以安全賺快錢的方式？」

　　如果我把這個猜測主動說出來，他們就會不住地點頭：「對對對，我現在比較缺錢。」

　　對「賺快錢」這種問題，我當然回答不出什麼來，因為我這輩子就沒相信過賺快錢這件事，有關這方面的內容更沒有寫過一個字。

　　有沒有人賺到快錢？當然有，但我真沒那種命，所以我都是

用最傻也是最笨的方式去達到目的。

聽了我的回答，他們就不說話了。有些人退出了讀者群，我還看到有一個人在微博上難掩失望地說我就是個騙子。

如果這個世界上有安全地賺快錢的方式，請你一定告訴我，因為我也非常想知道。

1

無獨有偶，有個讀者看了我的書以後，給了一個一顆星的負評。

其實我對負評一點也不在乎，我在乎的是他打負評的原因——他在評論當中說：

我還以為裡面能講什麼有用的東西呢，其實不過是講了一些最基本也最簡單的投資理財方式，可要真按照這種方式，大概要20年以後才能變有錢吧。

然後，他給我貼了一個「唬弄」的標籤。

我看到這則評論，同樣不知道該怎麼回覆。

幾天以後，這則評論下有另外一個讀者發表了不同的看法：

「你想知道的有效的賺錢方式無非是賺快錢還不用背負責任，就是因為有這樣想法的人太多了，才給了很多騙子可乘之機。」

看了這段話，我心裡挺有感觸的。我當然不會因為讀者的負評而生氣，但這從另外一方面證明了，賺快錢對於這個時代的人有著怎樣的吸引力。

在我這麼多年跟錢打交道的生涯中，真的從來沒有賺過什麼快錢，都是一邊踏踏實實地工作換來收入，一邊安安靜靜地用閒錢投資理財。

很多人把巴菲特當成致富榜樣和目標，但我特別想分享一段他有一次在接受亞馬遜創始人貝佐斯採訪時說的話──

貝佐斯：「您的投資方法既然這麼簡單，而且又這麼賺錢，那為什麼大家都不願意學你呢？」

巴菲特：「因為這個世界上沒有人願意慢慢變有錢。」

這段話現在依然有很強的現實意義。

在30歲之前，我的大部分收入都來自工作，收入比上不足比下有餘。

偶然在26歲那年投入股市，結果一腳踩到泥塘裡，虧了好多不說，也徹底打碎了我一夜致富的美夢。

當時抱著一夜暴富想法的人，絕對不只那時候的我一個。

記得2005年迎來人生第一個牛市的時候，指數短短一年間從1000多點迅速上漲到6000多點，那時候無論是股票還是基金都在迅猛上漲，直接把很多人的心態都帶得浮躁起來。

記得有一段時間，主管都在會議上抱怨說，現在的團隊怎麼那麼難管，稍微批評一兩句，那邊就甩出一句：大不了不幹了，

回去炒股也比寫稿賺得多。

弄得主管們都恨死股市了。

2

但是好景不長，沒過多久股市便開始大跌，一天跌100多點是常事。很快原來眉開眼笑、不把工作當回事的同事們就感覺到了現實的痛，這次換主管揚眉吐氣了，再批評年輕人們稿子寫得爛也沒人再敢說難聽的話了。

那次大跌中的我也遇到了人生第二次投資理財上的迎頭暴擊，好不容易有所收益的基金也開始出現虧損。

等到再一次恢復正常轉虧為盈，已經是2009年以後的事了。

經過這幾年一上一下、起起伏伏的牛熊交替，我發現了一件事：

我每個月薪資收入的定期積累依然在漲，每次看都有所收穫，但是投資帳戶中的數字跟抽風一樣，很容易讓人失去耐心。

那是不是投資就沒有用了？也不是。

那一輪熊市從2008年開始往下跌，一直跌到2009年，直接從6100點跌到1600點。可能因為經歷過之前的熊市，所以我一點也沒有把這次下跌當回事，唯一做的就是保持了定期定額。

在2010年，股市終於回到了3200點左右，當時我的基金總共獲利不過20%，投資了四年多時間。

如果按照年化收益，我平均每年的收益是5%，僅比當時每一年定期收益高兩個百分點。

　　我記得當時我還寫了一篇文章，講這些年的定期定額對比。結果文章發出來之後很多人都在嘲笑，說四年才收益20%，太少了吧。

　　我那時候年輕氣盛，實在忍不住問對方：那你能告訴我你這幾年賺了多少嗎？

　　他說他根本沒有投資，就算這樣，他依然覺得我投資了四年才賺20%，跟他這個沒有投資的人比起來，「收益太低了」。

　　在中國股市從最高點跌掉80%的熊市中都能獲得20%的收益，我不知道那些什麼都沒做的人怎麼好意思嘲笑。

3

　　2008年開始的那一波熊市的時間比我預想的要長得多，長到我除了保持定期定額之外，已經提不起任何興趣去看它。

　　那幾年，我把絕大多數時間和精力都放到了工作、閱讀和寫作上。

　　我唯一慶幸的是，這麼多年我既沒有停下投資的腳步，也沒有停掉工作和學習的步伐。

　　對我來說，工作可以帶來穩定的收入，相當於數學題裡源源不斷的水龍頭，而投資理財則是一個蓄水池，蓄水池和水龍頭的題我以前上小學時從來做不好，沒想到現實中它成了我最貼心的呵護。

　　就是在這段漫長的時間裡，同樣能聽到很多人的疑問：

我們什麼時候才能賺到錢？

說實話我也不知道。在那個時候雖然我堅信投資會有所回報，但我真的不知道這個回報什麼時候才會到來。

就像現在讀者群裡很多人問這個問題一樣，我依然只能說：如果你堅持下去，總有一天你會獲得回報；如果你不堅持，肯定無法獲得回報。

回頭看過去，我從2001年前後開始投資理財，近20年中只有2005年、2006年、2009年、2015年、2017年、2019年、2020年這7個年頭在賺錢——7/19的比例看上去很低，神奇的是，儘管現在大盤還是只在3300點，儘管我賺錢的年份遠遠少於虧錢的年份，但因為用基金定期定額這種最簡單的方式，我的投資收益已經翻了好幾倍。

這就是基金定期定額最有效的「自我修復」功能。

中國的熊市永遠是那麼長，每次熊市短則四五年，長則六七年；而牛市永遠那麼短，經常持續不到一兩年就無影無蹤了。

很多時候，當牛市露出頭角的時候，大部分人並沒有感覺；而真正顯出牛頭的時候，大多數人還會懷疑；當它真的開始奔向前時，很多人仍然半信半疑。

終於，所有人都認為牛市已經來了的時候，它多半已經伸出了熊爪子，準備一巴掌把你拍個半死。

我就是熬了很多年，從以前的毫無知覺，熬到後來的春江水暖。

4

2015年的那波牛市是我碰到的最凶險的一輪牛市，因為從谷底到峰頂只花了短短半年的時間，可是從頂峰跌到谷底長達好幾年時間。

在那幾年中，周圍有很多人因為帳面財富的變化，影響了心情甚至生活。

我在上一本書中曾經寫過認識的不止一個人，因為在投資市場裡把握不好心態，總想著一夜暴富，結果虧得一塌糊塗的故事。

如果說有的人虧了還有可能重新站起來，那麼這些人虧了基本都沒有站起來的可能，因為他們常常都是為了一夜暴富而孤注一擲。

總有些人告訴我，他們的計畫是40歲之後退休，到那之後就什麼也不幹，就只玩樂。如果你認真地問他為此做了哪些準備，答案多半都是否定的。

事實上，真正有能力40歲退休的人，才不會做這樣的選擇。

再說，要是40歲之後還是沒有賺到足夠的錢支撐花天酒地、遊手好閒，難道你就去自我了結嗎？

既然如此，我們為什麼一定非要給自己下這樣的定論：我必須一夜暴富，我必須賺快錢，我必須讓幾十年應有的輝煌在一夜之間實現？

　　錢雖然沒有生命，但你如果凡事都從錢出發，錢多半會繞著你走；你越是按部就班做好該做的事，錢最後越是會跟你非常親近。

　　這20年當中，我周圍基本上可以分為兩類人：一類人是跟我差不多，一邊工作一邊理財，賺得多時不害怕，投資虧了也不心疼，總之就是按部就班地往前走。

　　還有些人總是因為這樣那樣的原因，自視甚高，總覺得自己可以比別人更短地走過成功路徑，別人花一年，他們只想花一個星期，別人花十年，他們只想花一個月。

　　事實正好相反。

　　按部就班的這類人，絕大部分過得都還不錯，日子可能不是大富大貴，但絕對衣食無憂。

　　而另外那些人，怎麼說呢，好多人都已經消失了。

5

　　那麼，生活中是否真的沒有賺快錢的時候呢？想了想，也不盡然。

　　大學時有一個學姐，大我三屆，人長得非常漂亮，專業也特別好，每次給學弟學妹們做經驗分享的時候，都是她出馬。學姐每次在講臺上都是光彩奪目，侃侃而談，總能吸引很多粉絲。

　　當時沒有人會懷疑，她未來的人生會是如何璀璨奪目。

　　後來她大學畢業了，去了一家旅行社，開始了海外導遊工作。因為她的專業好，人又長得漂亮，性格也很好，很快被安排

去帶重點區域的重點團了。

短短兩年以後，正在大四的我們忽然驚訝地知道了一個消息：這個學姐被逮捕了——這個消息實在太過驚人，我們都以為聽錯了。

她被抓這事是真的。

大學畢業剛工作的時候收入都不高，那時候帶團當導遊多少會接觸到一些公款，海外團還是用外幣繳納團費。學姐微薄的收入和豐厚的外幣團費相比，實在不值一提。

不知道是不是這個原因，學姐心裡非常失衡，後來她就夥同會計貪污團費，一直持續了大半年，貪污了幾十萬元，直到最後在單位審計中曝光。

被抓後，她痛哭流涕地說，自己就是太想一夜暴富了……

是的，很多想一夜暴富的人就是這麼在我們的生活當中消失，就像有句話說的：絕大多數賺快錢的方式都在刑法裡寫著。

算了，作為普通人，我們還是老老實實地工作、踏踏實實地理財吧，反正遲早都是我們的，又何必急於求成？

跌也怕，漲也怕，怎麼辦

> 當你們害怕下跌、害怕橫盤、害怕上漲時，請沉下心好好地堅持下去，堅持至少三年，看一下你手中的籌碼在三年之後會發生什麼變化。

說起來最近我時常有扁人的衝動，尤其是面對一些奇怪的問題時。

之前是：「刀哥，現在大盤下跌了，我要繼續定期定額的話不是會越套越深？要是被徹底套住了該怎麼辦？」

然後是：「刀哥，現在怎麼既不漲也不跌呀，這個狀態多讓人煩啊，還不如給個痛快，你說什麼時候才是個頭啊？」

現在是：「刀哥，現在上漲了，我好像買少了，應不應該多買點？可這樣是不是就等於買到高峰了？」

……

1

為什麼投資新手們總是那麼戲劇化，所有畫面都會出現在他

們的腦子裡？

2020年上半年雖然非常匪夷所思、動盪不安，但是對於投資理財這件事情來說，絕對算得上是一個很好的光景。

在上半年不管你從哪個時點進入，也不管之後市場如何上下波折，只要你穩住了，都會有不錯的收益。

遠的不說，2018年生活還算順利，但是那一年整體市場下跌30%，賺的還沒有虧的多……

所以那句老話「福兮禍之所伏，禍兮福之所倚」用在那個情況下再妥帖不過了。

經常看我文章的朋友應該都知道，我一直希望大家能夠盡早地踏入投資理財市場。

當然並不是讓大家去買股票，我一直認為最適合大多數年輕人的投資理財項目是基金定期定額。

它進可攻退可守，理解起來也沒有那麼困難，把投資的事情交給專業人士，年輕人可以集中精力做好工作，最重要的是迴避了股市相對於普通人的巨大的、不可預測的風險。

即便如此，當你真正踏入投資市場面對每天的漲漲跌跌時，很多之前拍著胸脯說「我會淡定的」的人多多少少會慌了神。

他們在害怕什麼？

在投資之初，理財新手們最害怕的是下跌——因為下跌就意味著真金白銀縮水，要是不虧損，完全可以拿出去吃喝玩樂，可一虧，「哎喲，真是心疼死我了！」

害怕下跌是絕大多數新手初入投資理財市場必不可少的第一課。

　　記得當年我剛開始嘗試投資理財的時候，對別的都沒啥感覺，唯一的期待就是千萬別跌。

　　可是這個世界上的事情怎麼會天遂人願呢？越不希望發生什麼，結果越發生什麼……一虧就虧了四年，中間想了很多辦法，但一點起色也沒有。

　　別的事情包括工作、生活、學習，努力了還能有個好結果，唯獨在投資理財這件事情上，面對海量的市場，個人的力量完全微不足道，下跌的趨勢一旦形成，你就已經把握不了了。

　　那怎麼辦？

2

　　只能繼續保持定期定額。只有這樣，才能在不斷下跌的過程中，不斷買到便宜的籌碼，攤薄之前的成本，等待變盤的時機。

　　好在經過一段時間的定期定額以及自我心理建設之後，我終於明白過來，投資市場不可能永遠下跌，也不可能永遠上漲，跌久必漲，漲久必跌，這才是真正的鐵律。

　　一旦認識到這一點，人的心態就會有所平復。

　　後來我已經沒有那麼害怕下跌了，再後來就開始特別討厭「不漲不跌」，尤其是在市場長期橫盤、上不去下不來的整理階段。

　　好不容易恢復了點熱血，覺得它會上去了，結果折騰兩下又下來了；

　　覺得是不是要跌下去的時候，它突然又穩住了，又給你一點

希望；

等你又燃起希望的時候，它又繼續往下掉……

就這樣上上下下起起伏伏，拖了很長一段時間，居然沒怎麼漲也沒怎麼跌，就是給你一種「死也不讓你死得痛快、活也不讓你活得開心」的折磨。

彷彿打了一通宵麻將，結果不輸不贏，折磨死了！

在過去的二十年中，這種事情一點也不少見，那種感覺就像溫水煮青蛙一樣，讓你上上下下「生不如死」。

對於初入投資市場的小白來講，這種不上不下、不漲不跌的局面，其實挺痛苦的，就像鈍刀子割肉，讓你在慢慢麻木的情況下不斷煎熬。

很多人其實最不喜歡的就是這種狀態：要嘛漲要嘛跌，給個痛快的行嗎？不漲不跌是個什麼情況？

實際上，不漲不跌通常就是變盤的前奏，尤其是熊市進入牛市之前，經常有一段很長的橫盤整理階段，一旦失去警惕和觀察力，就很容易與之失之交臂，妥妥地踏空。

所謂踏空，就是人家上漲賺錢，你只有在旁邊看著的分兒。

3

經歷過害怕下跌，又經歷過不漲不跌，對於小白來講下一步出現的，就是害怕上漲。

　　肯定會有很多人覺得莫名其妙：投資不就是為了迎接上漲嗎，害怕上漲是什麼意思？

　　不是在開玩笑，2020年上半年股市開始恢復性上漲的那段時間，我聽到最多的就是：

　　「刀哥，最近漲得我心裡有點發毛，這漲得也太快了吧，怎麼會這樣？」

　　他們所說的心裡發毛，真的不是開玩笑。

　　之前大盤下跌或者被套，包括前段時間疫情導致的外國股市崩跌，直接影響中國股市表現的時候，他們都能老老實實定期定額，不急不躁，我當時忍不住暗暗點頭，真是一幫可造之才呀……

　　沒想到隨著調整行情的結束，大盤開始逐漸向上的時候，他們有些慌了：

　　糟糕，漲了漲了……
　　糟糕，已經獲利10%了……
　　糟糕，已經獲利20%了……
　　糟糕，已經獲利30%了……
　　太可怕了我想賣了……
　　……

　　每當這個時候，我就特別想伸出罪惡的魔爪，恨不得掐死這幫人！

　　我就納悶了：「你們慌什麼啊？」

他們說：「我們真的很慌，也不知道為什麼，下跌時想到你說過那不過就是一個帳面數字的變化，心裡不慌也不擔心，覺得很有底，就這麼熬著；誰知道一旦面對上漲，面對帳戶上迅速轉虧為盈，面對獲利數字不斷節節上升，心態卻莫名其妙崩了……」

聽明白了，在地下「趴」久了，「突然站起來了」很不適應。

4

每到這時候就會發現一件特別搞笑的事情：在決定定期定額投資之初，大家都是拍著胸脯信誓旦旦地說：「沒問題，這錢我一定三年內不用，我一定會長期投資，我一定會保持定期定額……」；當真的面對上漲下跌時，總會有那麼一批人心態失衡，會擔心這樣、擔心那樣，完全忘了當初自己的承諾。

為什麼會發生這樣的情況？為什麼小白總是過不了心理動盪這一關？原因不外乎以下三個：

第一，瞭解得太少。

絕大多數初入投資市場的小夥伴眼裡只有數字，尤其是眼前的數字：今天漲了明天跌了……一段時間內他們的腦子裡都是這些數字的影響。

稍微有一點投資經驗的人都知道，對於中長期投資，比如至少三年的基金定期定額來說，短時的漲跌並不能說明任何問題，

甚至沒有什麼參考意義。

可是對於新手小白來講，恰恰這些眼前的數字才是真實的。

可能是我在讀者群裡進行的心理建設比較充分，長期跟大家說的就是不要怕下跌，所以當市場發生下跌的時候，大家心態還比較穩定。

而我的確沒有講太多不要害怕上漲的事，結果一遇到上漲，這幫小白就會慌得不行。

第二，經歷的太少。

實際上，沒有經過一波完整的牛熊交替的小白，還算不上真正意義上的投資者。

每當他們說到一碰上上漲就慌得「飛起」的時候，我就會嘲笑他們：瞧你那沒有賺過錢的丟人樣！

他們就傻笑：是啊，還真的沒有這麼賺過錢。

對於絕大多數投資小白來講，他們可能虧過很多錢，卻真的沒有賺過什麼錢，至少大部分沒有靠投資理財賺過錢。

他們賺錢更多的是靠著工作，每天辛辛苦苦、踏踏實實地賺錢，很少經歷過最近這種靠錢生錢、每天都有進帳的日子。

翻身農奴一旦把歌唱完，就經常不知道自己下一步應該幹什麼了，甚至想繼續回去當農奴……

在大多數投資小白的字典裡，賺錢是多難的一件事啊，必須臥薪嚐膽，必須忍辱負重，必須遭受折磨和痛苦；現在呢，居然這麼輕鬆地就賺了，好像灰姑娘穿上水晶鞋後，瞬間迷失了方

向：

北呢？……北在哪兒？

第三，參與的時間太短。

剛才說過，大部分小白沒有經過真正的牛熊交替，所謂牛熊交替就是當你從熊市走向牛市，又從牛市走向熊市這樣一個完整輪迴的過程。

就好像你結婚又離婚然後又結婚，從未婚到二婚，人肯定會跟以前的「生瓜蛋子」完全不同一樣。

5

有些人會覺得很驚訝：我為什麼要經歷一個完整的牛熊交替？為什麼不能在牛市最高點跑掉而熊市最低點買入呢？

這是一個很多小白或者新手常有的疑問，別忘了：你不可能未卜先知，更不可能提前知道牛市或者熊市什麼時候到來。

再說，你能直接就從未婚變成二婚嗎？

即便在 2020 年三四月間，我就看出後面會出現行情，這是很多資訊呈現出來的判斷。但這個時候很多人並不敢貿然加倉，因為長時間的低位徘徊已經讓很多人有了思維定式。

同樣，一旦進入牛市，市場每天都漲得很厲害，每天創新高的時候，也會漸漸消磨掉人的警惕心，總覺得會有新高，然後市場就以迅雷不及掩耳之勢掉頭向下……

有些人覺得既然這樣那就跑唄，可是市場哪會那麼容易就讓你跑掉？

法院判離婚，調解之外還有冷靜期呢，想得挺美！

當你以為牛市還會繼續的時候，它已經開始往下掉了，而且一掉就是鍘刀斷頭式的大幅下跌，普通人除非割肉，否則根本沒有出逃的機會，天天跌停，你怎麼跑？

而且很多人會不由自主地把大幅下跌的基金淨值和之前的最高點相比，彷彿自己虧了很多，結果錯失逃跑的時機，大部分新手被套都是這個原因造成的。

而且中國投資理財市場恰恰有一個特點：牛市非常短，有些時候一年兩年就結束了，而熊市非常長，有些時候長達好幾年。這種情況下，熊市心態會更容易導致你害怕突如其來的上漲。

可我們也是經歷過基金連跌14天的人哪，也是扛過2018年全年下跌30%的人哪，為什麼現在賺個30%我們就害怕、連漲10天就想跑呢？我們真的是「投資賤民」，天生虧的命嗎？

當然不是！

各位親愛的朋友，當你們害怕下跌、害怕橫盤、害怕上漲時，請靜下心好好地堅持下去，堅持至少三年，看一下你手中的籌碼在三年之後會發生什麼變化，行不行？

遠離那些剝奪你財務獨立權的人

> 一個人對錢的態度就是他做人的態度，你能從他對錢的態度
> 上面，看出這個人究竟是個怎樣的人，值不值得你託付終
> 身。

某天早上，回答了一個讀者的問題。

「刀哥，從小父母教育我女生不用太拚，找個好男人嫁了就
行，我也因此找了現在的男友。最近我花了自己的1000元買了
一雙靴子，結果被他鄙視。之前我想學著投資理財，他也堅決反
對，說女人眼裡不要只有錢。我心裡總有種不對的感覺，想聽下
你的意見。」

她的問題其實很長，但我的回答很簡單，只有三個字：讓他
滾！

希望每個人都記住：如果你的另一半是一個不願意讓你花自
己的錢（請注意，是花自己的錢，不是花對方的錢），甚至不希
望你財務獨立的人，那麼不管他看上去條件有多好，一定要選擇
離開。

否則，這一定是一個悲劇的開始。

1

幾年前剛開始在網上寫「人人都愛錢」系列文章時，我有過很長時間的猶豫——就是要不要在文章中這麼旗幟鮮明地把錢、感情以及由此產生的取捨，鮮血淋漓地寫出來。

我怕有些人覺得我過於現實和冷酷，脫離了感情的溫度；我也怕有些時候自己只是從側面或者細節對事情進行判斷，而失去全面；我更擔心有些人因為聽了我的話，而錯過了他們真正喜歡的人。

但在身邊接二連三地發生類似的事情後，我還是決定要寫出來，這幾乎也就是「人人都愛錢」這個專欄的發端——關於個人、感情和生活與金錢之間的關係。

接下來要說兩個人。

第一個是一個女生，家裡條件還不錯，父母對她的教育也很好。女生出國留學回來之後進了一家外商工作，當時的月收入在15000元左右，在北京儘管開銷很大，但是作為新人，這樣的工作起薪還是不錯的。

女生父母是高級知識分子，在南方一個省會城市工作，有很穩定的收入。自從女生決定在北京扎根之後，父母為她在北京花了一筆錢作為頭期款，貸款買了一間小房子，雖然總共只有五十

幾平方米，但是作為女生的閨房和在北京的落腳地絕對夠了。

學業有成、工作穩定，還在北京買了房子，女生的情況已經非常不錯了，接下來就是感情部分了，她的另一半出場。

女生長得很漂亮，衣著打扮都非常時尚，又因為在國外留過學，見識談吐不俗，結果在一次工作場合認識了這個男生。男生一見面就喜歡上了女生，對她展開了猛烈的追求。

其實男生的條件遠不如女生：他比女生大幾歲，工作不如女生，收入也不如女生，在北京也沒有房子。

但男生在追求過程當中表現出的決心和無微不至，讓女生漸漸地動了心，後來他們真的在一起了，儘管這個過程中很多人提出不同意見，但女生都沒在意。

2

照理說這個故事最正常的走向，應該是男生贏得女生的心之後，一路奮發圖強，兩個人一起走上人生的高峰，但現實中的走勢讓人有點迷惑。

兩個人正式在一起之後沒多久，女生就不怎麼參加聚會了，無論是以前同學的聚會還是現在同事的聚會，她都推掉不參加了。大家開始以為她要回家過兩人世界，後來才發現男生居然經常出現在行業內的聚會場所，大家就很奇怪：你怎麼在這兒？女朋友呢？

男生很自然地說她回家了，他覺得有了房的女生就不要再出來有太多的交際，這樣對女生不好，也容易出問題。

剛開始大家都覺得他是在開玩笑，並沒有太當真，後來發現女生真的越來越少地出現在聚會場合了。

不僅如此，女生在穿著打扮上的變化也很大。本來之前看上去都是年輕漂亮、花枝招展的樣子，後來穿得越來越素，不是黑色就是白色，看上去人的精氣神都降了好幾個層級。

女生很喜歡唱歌，之前一群年輕人經常相約出去唱歌，但後來她也很少參加了。朋友問她為什麼不去，她有些為難地說不是自己不願意去，而是那個男生覺得她不應該去。

就像前面說的，那個男生自己卻經常參加這些聚會。

這就罷了，兩個人最大的問題是在錢上面──女生因為家裡條件還可以，又沒有太多的後顧之憂，父母也一直教育她，不管是什麼情況，都要保留經濟獨立權，所以女生每個月會把自己一半的薪水存下來，剩下一半就用作生活費。

而這個男生的收入除了繳房租之外，還要拿一部分寄給老家的父母，這其實也沒有什麼，問題是這樣一來他的收入所剩無幾，兩個人在一起的時候大部分開銷都是女生在承擔。

就算這樣，男生忽然有一天給了一張卡給女生──並不是裡面存了很多錢、讓女生「買買買、花花花」的那種卡，而是告訴女生以後每個月存錢就存在這張卡上。

3

如果說之前的要求（不讓她出去玩或者交流）讓女生以為是男生在擔心自己的安全，那麼到了錢這件事情上，她就開始覺得

有些問題了。

　　她非常委婉地來詢問我的意見，我一聽幾乎有些不敢相信自己的耳朵：意思是他拿了一張卡，讓你把你的錢存在這張卡裡，那這張卡是誰的名字？

　　女生說是男生的。

　　我問：他為什麼要這樣做？女生說，男生的意思是希望她別太大手大腳，這樣他能夠幫助女生把錢好好地管起來，畢竟以後的生活需要花錢的地方很多。

　　我跟女生說：絕對不可以。你們倆如果已經結婚或者你的確太過鋪張浪費管不住自己當然另當別論，但現在就這麼做肯定是不合適的，而且他這不僅是不希望你花他的錢，還惦記著你的錢。

　　女生並沒有太多感情經驗，聽了我的話一下就愣了：有這麼嚴重嗎？

　　我說當然有，有些男生看上去很單純，但關於錢的小心思真是全部寫在他們臉上。他跟你在一起，他的錢是他的錢。你的錢也是他的錢，他找的不是一個平等過日子的對象，更像是一個免費情人、無償子宮甚至是自動提款機。

　　女生一想也覺得有些道理，就跟男生溝通這件事。沒想到男生對此特別生氣，認為女生是看不起他。

　　至於女生提到的現階段財務獨立的問題，男生認為兩個人既然在一起就不可能絕對獨立，如果這樣的話那就談不上真正在一起，這話聽上去好像也有道理。

　　但要我說，這個說法成立必須有兩個先決條件：

1. 男方跟女方要嘛同比例存錢，要嘛同比例承擔生活開銷。

2. 要求女生在交際、生活等方面的種種要求，對男方同樣也有效。

做不到這兩點，那男生只是希望控制女生而已。

4

說完女生，再說一個男生的故事。

這個男生大學畢業之後留在了北京一家公司工作。這是間互聯網公司，男生是程式設計師，雖然收入還可以，但是經常加班，而且工作量很大。

男生工作了兩年多後，交了個女友，是別人介紹的。這個女生比男生小兩歲，也在北京工作。她讀完專科就出來闖蕩了，在一家公司做行政，工作比較清閒。

儘管周圍有人說兩人的條件有些差距，但是男生並沒有太多的猶豫，覺得只要兩個人認定合適就行了。

但後來發生了一件尷尬的事：男生所在團隊因為工作比較忙，所以為了放鬆，每隔一段時間大家就會出去聚餐，聚餐的費用是輪流買單。

其實這是一件已經沿襲了挺久的事，有一天輪到這個男生請客，他剛用支付寶買了單，不到五分鐘他的手機接到了一通電話。

電話那頭的人應該是在詢問他因為什麼刷了卡、跟誰吃飯、

在哪兒吃的、有多少人、吃了什麼……男生有些侷促，但還是一一回答了。中間男生還說現在跟同事在一起，稍晚點再回電話，但電話那頭並沒有同意，一直問到最後。

這個電話真的讓人很尷尬。男生接了電話後，席間一片安靜。半天才有人問男生對方是誰。男生有些不好意思地說是他女朋友，怕他回去晚了，打電話過來讓他少喝一點酒。

大家並沒有點破。這樣的事情後來又發生過幾次，再後來大家在部門聚餐的時候，就不再叫這個男生了。

5

其實這個男生性格很好，也很樂於助人，所以有很多朋友。後來有一天男生說已經買了房子，雖然位置很遠，面積也不大，但是好歹也算在北京有了家了。

同事問他是不是準備結婚了，男生說是的，兩個人既然已經決定在一起，那結婚是遲早的事情，所以傾全家之力付了頭期款買了這間小房子。

然後一群同事就說，那我們去給你「暖房」吧。男生非常開心地答應了，一群同事就跟男生定好了時間。

到了那一天大家聚集到男生家裡，為此所有人還湊錢為男生買了一份幾千元的暖房禮物。

讓人沒有想到的是，到了男生家，大家一直聊天聊到用餐時間，也沒有看到有準備午飯的跡象。

有人開始還想，那可能是點外賣吧，其實也不錯，點外賣也

方便，大家就繼續聊天。沒想到這時候男生和女生進了廚房說準備午飯去了，等大家坐到餐桌旁才發現，一共五六道菜，而那天去的人有七八個，除了一個女生之外，其他人都是男生，這點菜根本不夠。

男生頓時覺得有點不好意思，說要點些外賣……話還沒說完，那女生在廚房裡來了一句：我覺得菜量已經挺多的了，還不夠吃嗎？

她這麼一說，來暖房的人都面面相覷，也不好意思再說什麼了，一群人就圍著那五六道菜乾吃。最後那些菜居然還剩了，女生笑著說：「看吧，我說菜夠了吧！」

其中一個人後來私下跟我說：「刀哥，你知道嗎？那真是我這輩子吃過的最尷尬的一頓飯。」

沒錯，不僅他說著尷尬，連我聽著也覺得分外尷尬。

6

之所以要說這兩件事情，是因為對這則求助很有些感觸。

就像我在另外一篇文章中曾經寫過的：談戀愛貪圖對方有錢沒有問題，貪圖對方有權也沒有問題，貪圖對方美色更沒有問題，有問題的是你自己可以這樣做，卻不允許別人這樣做，或者說你明明是這樣做的，嘴上卻根本不承認。

大多數事實證明：真正讓兩個人感情能夠長久延續的一定是價值觀，而未必是當時當刻的收入差距。

收入差距可能影響一時，但價值觀差距會影響一世。

而價值觀差距在生活中最直接的體現，就是你們對錢的不同態度。

我一直認為：一個人對錢的態度就是他做人的態度，你能從他對錢的態度上面，看出這個人究竟是個怎樣的人，值不值得你託付終身。

這並不是說錢的多少可以決定你們感情的走向，而是對方對錢的認知常常代表了他對你身分的態度：如果不把你放在眼裡，自然也不會把你放在心上。

而以過來人的身分看，真正適合彼此的人可能並不在於錢多錢少，而是在於你們的價值觀取向或者金錢觀。

就拿「為你花錢」這件事來說，願意為你花錢的未必是適合你的人，但是不願意為你花錢的人一定不合適，至於連你花自己的錢都不讓的人，更是有多遠就讓他滾多遠！

就算兩個人未來結婚構成了統一的利益主體，但是在人格和生活追求上，應該依然是獨立的，有能力也有權利支配自己的資源。

所以，凡是不希望你擁有獨立的財務意識和財務狀況的人，絕對不是良配。

雖然兩個人在一起難免會通盤考慮，但這絕對不意味著你要丟掉金錢上的防火牆——財務獨立和財務間隔是自我保護的一道

防火牆，它非常重要。

最後說一下這兩個朋友現在的狀況：

第一個女生跟男生相處了一段時間後，最終確認男生並不是合適的人，雙方存在意識上的鴻溝，最後儘管男生極盡挽留，但女生還是跟男方分了手。

但是第二個故事中的男生已經和女生結了婚，大家都覺得他變了一個人一樣，本來當初是多麼神采飛揚、大方豪爽的一個人，現在已經有了一個只有少數人才能意會的外號：「六道菜老公」。

同是遭遇網路借貸爆雷，
為什麼會有截然不同的結果

> 類似網路借貸這樣的投資理財陷阱，每過幾年就會重新更新
> 一次，只是網住的是不同的韭菜而已。

　　如果你朋友的一筆理財款忽然收不回來了，你會怎麼辦？

　　如果你正好也有一個類似的理財項目，發生類似的事後，你
又會怎麼辦？

　　最近兩年，互聯網金融點對點借貸爆雷已經不是新聞了，問
題是萬一你碰上這種事情，你會怪自己，還是怪別人？你會笑別
人是傻瓜，還是後悔沒聽別人的勸？

　　這是我親眼所見、親身經歷，甚至親自參與其中的一段經
歷，中間過程跌宕起伏，連我這個以文字為生的人一度都不知道
該怎麼描述它。

　　徵得當事人同意，將這段發生在短短四個月中的事情記錄下
來，也再次給讀者們提個醒：

　　任何要把錢從你銀行帳戶裡拿走的投資理財，除非你已經做

好了全部虧掉的準備，否則都不要相信。

1

　　事情主角是A和B。

　　他們年紀差不多，都是35～40歲，條件也都差不多，有穩定的工作和收入，都已經成家。有車、有房、有孩子，區別是A是女士、B是先生。

　　兩人彼此不認識，但都是我很熟悉的朋友，相比之下，我和B認識的年頭更長一些，我們曾經是同行，關係一直不錯。而和A是前幾年因為工作才認識的，沒想到很投緣，交往也逐漸增多。

　　偶爾見面的時候，除了聊工作和生活，我們也會說起「賺錢」這個話題。

　　因為大家都有自己的工作，也基本已經邁過了生活最初的積累階段，所以我們聊的基本都是「如何能讓錢幫著自己賺更多的錢」。

　　這並不是一個很新的話題，其實就是收入和投資理財的均衡分配，我曾經在以前的文章中多次寫過。

　　在過去的很多年裡，我的理財方式和比例其實都沒太大變化，風險高中低檔都有，投資原則之一就是：

除了購買保險之外，基本不會讓投資理財款離開我的銀行帳戶。

　　A和B都是比較謹慎的人，這個年紀都是上有老下有小，雖然有點家底但也並不算太多，至少不能什麼都不幹，離徹底實現財務自由還遠著呢。

　　我們也交流過投資這個問題，他們跟我的看法完全一致，所以我一直覺得後面的事情根本不會發生在他們身上。

　　那年4月的時候，我跟A見了一面，結果發現她瘦了一大圈，整個人的精神狀態也不太好，跟平常神采飛揚的她感覺完全是兩個人。

　　看到她的樣子，我很吃驚，問她怎麼了。

　　她這才告訴我，她買的金融商品出了問題：應該4月到期還本付息的，只付了15%的收益，本金卻沒有回來。

　　一問本金多少，七位數，差不多是兩口子這些年的全部積蓄！

　　我聽了大吃一驚：「你們不是一向只買銀行的金融商品嗎？」

　　仔細一問才知道，因為覺得銀行金融商品4%～5%的報酬率太低，A兩口子選擇了一個朋友推薦的網路借貸項目。朋友就在這間公司工作，兩人覺得熟人可靠，另外萬一有什麼問題，人家也會提前告知。

　　更重要的是，他們覺得這間公司項目保證的15%的收益並不算高，至少比那些動輒號稱百分之三四十報酬的項目看上去可靠多了。

　　但是可靠不可靠，根本不是「你以為」就可以決定的。

2

Ａ的這筆錢是前一年3月份投進去的，雙方還簽了很正式的合同，約定了報酬率和還款時間。到了第二年的3月，對方倒的確把收益匯了過來，但是本金遲遲未還，原因不明。

兩口子很著急地找到朋友和這家公司，對方承諾一個月後也就是4月歸還本金，態度誠懇，言辭也謙恭。

兩口子思前想後，好像也沒別的什麼辦法，於是就同意了。好不容易熬到一個月後，本金照樣沒拿回來。

這時候Ａ才意識到對方的現金流可能出現問題了，自己過去多年的積蓄有可能就此打了水漂：「意識到這一點的那天晚上，我忍不住哭了很久，覺得之前多年的辛苦統統都白費了。想要從頭來，又談何容易……」

我像看怪物一樣看著她：「什麼從頭來，你得想辦法把這錢要回來！」

「我們要了，他們拖著不給。我們去找了好幾次，那邊各種拖，就是不給錢。」

「他們拖是肯定的，最近監管政策頻出，他們資金緊張多半跟這個有關。」我想了想，「你先把他們的公司名稱、地址還有你們簽的合同發給我看看。」

這些資訊看上去沒什麼異樣，到網上一查，公司經營貌似也正常。光看該公司官網，一片歡樂祥和，就在拖著沒給Ａ本金的同一時間，這個公司還有新的理財項目在不斷上線，嘖嘖。

再看合同，這一下我就看出了問題：

　　本來應該是跟這個公司簽的合同，實際上成了另外一家公司，而且明明是投資理財合同，上面卻成了「招募合夥人」的「有限合夥合同」。

　　這中間的區別就在於，如果是投資理財合同，就是正常的投資理財；如果是「有限合夥」，意味著雙方是共同經營，風險共擔。

　　後者無論在法律責任還是風險後果上，都跟前者毫不相同。

　　然後問Ａ，她更是一頭霧水。這時我才知道，他們在買這個所謂理財項目的時候，只是聽他們那個朋友的介紹，盤算了一下報酬率，然後就決定買了，根本沒有仔細看這個合同究竟是什麼情況、有哪些問題。

　　其實，人家早就挖好了坑，就等著你自己往下跳呢……

3

　　我對Ａ說：「現在對方雖然沒有給錢，但也沒有什麼負面新聞爆出來，說明事情還有可以挽回的餘地。等真的有負面新聞爆出來，那時候可能就真的沒辦法了，所以現在還是要努力想辦法。」

　　Ａ聽我這麼說，覺得似乎也有些道理，只是她與人鬥爭的經驗太少，實在不知道該從哪個方面下手。

　　我問Ａ：「像你這種情況的投資者有多少人？大家的金額差不多有多少？」Ａ茫然地搖搖頭：「我只知道自己沒收回本金，不知道還有沒有人像我們一樣。」

　　我想了想，告訴她：「我先幫你聯繫一下媒體同行，看有沒有人對這事感興趣的。如果有媒體介入，對方公司的態度多半會不一樣。」

　　後來還真有財經媒體願意去採訪。

　　原因很簡單，當時互聯網金融監管政策剛出來，大家都想看看網路借貸這個領域究竟是否真的有問題。

　　當Ａ帶著暗訪的記者再次來到那家公司時，發現他們還在向新的投資者銷售新項目，全然不管Ａ還沒有拿回自己的投資本金。

　　而當著記者的面，那家公司再度承諾會歸還Ａ的本金，至於歸還的時間，不知道。

　　這個過程讓Ａ憔悴又鬱悶：「你看吧，他們就是這樣，今天拖明天，明天拖後天。說得很好聽，但就是不還本金。」

　　Ａ對當初輕信朋友而造成後來的局面後悔不已，由於那個朋友是透過Ａ的先生認識的，因為這事兩口子之間還發生了不小的矛盾和爭吵。

　　Ａ的先生甚至一度反對媒體介入，他的理由是：「如果媒體曝光了，那這錢不就徹底拿不回來了？」

　　我告訴Ａ：「只要這家公司還想繼續經營，它一定會介意媒體的報導。如果它不想繼續經營了，根本不會跟你做這樣那樣的承諾，早就跑路了。」

　　最後Ａ還是選擇相信我的判斷，讓媒體記者從頭到尾追蹤採訪了這件事。

　　媒體的採訪發現了更多問題，包括這家公司違規操作、涉嫌

合同詐欺、根本沒有銀行託管，甚至發現了它們在項目註冊備案手續上的問題。而這些，都不是普通投資者能夠辨明的。

4

　　講了Ａ的遭遇，再來插播一下Ｂ的。

　　Ａ陷入這次投資麻煩的事讓我意識到，儘管我們看似有所歷練，儘管我們貌似比一些二十多歲的年輕人多一些經驗，但是在現在這個社會，其實也根本經不起一點折騰。

　　為此我專門給幾個喜歡買金融產品的朋友發了微信，提醒他們一定要注意風險，如果買的是銀行外的網路借貸產品，最好早日贖回。

　　我發資訊的這些人中就有Ｂ。

　　當時大部分人都說自己並沒有買，只有Ｂ的回覆是：「那麼多人買，媒體上也經常有宣傳，應該不會有什麼問題吧？」

　　我意識到，他也買了網路借貸產品，連忙給他打了個電話，提醒他注意風險。他淡淡地告訴我：「就用點閒錢買了一點，嘗試一下，沒什麼問題。」

　　我聽他這麼說，放了一半的心。然後把Ａ碰到的情況大致跟Ｂ說了一下，特別是本金虧損遲遲拿不回來的問題，提醒他多留意。

　　Ｂ很沉穩地說，放心吧。

　　再說回Ａ那邊：媒體經過一個月仔細周密的採訪，基本瞭解清楚了所有問題，而在這一個多月中，Ａ依然沒有拿回自己的本

金。那家公司就是嘴上說得好聽，實際上各種拖延。

到了5月底，媒體終於刊出了報導。報導一出來頓時觸發了很多投資者敏感的神經，紛紛打電話到該公司詢問，同時上級主管部門也開始詢問。那家公司這才有些慌了，連忙跟Ａ聯繫，再一次承諾還款，但提出讓她先要求媒體撤稿。

Ａ來問我，我把她罵了一頓：「怎麼到現在你還相信那邊啊，媒體有媒體自己的判斷。再說，要求對方還錢和媒體報導之間一點關係都沒有。」

Ａ一聽這話也對，於是堅決要求對方先償還本金，再談其他。

那時候爆雷的情況還不像後來那樣普遍，這家公司為了不影響項目的開展，跟Ａ簽訂了還款協定，承諾在10天內全部償還這幾百萬投資本金。

拿到還款協議後，Ａ很高興，我說她：「等拿到錢你再高興不遲。」

另外我告訴她，以我的經驗判斷，這家公司如果真無力還錢，是不會簽這還款協議的。「所以我估計你的錢一定能要回來！」

5

10天之後，到了6月初，該公司果然按還款協定，分四筆歸還了Ａ的全部投資本金。

拿回所有本金的那一天，Ａ說自己頓時有種解脫的感覺：「這幾個月壓在心裡的大石頭，終於沒有了。」

　　我也很為Ａ高興——年齡相差不大、生活經歷相仿的我們，其實太能夠理解辛苦打拚積累起來的全部財富全部消失又失而復得的跌宕起伏了。

　　緊接著的那一年7月，中國網路借貸行業發生了前所未有的「爆雷浪潮」：

　　短短一個月當中，200多家從事互聯網金融的網路借貸公司要嘛跑路，要嘛清盤，要嘛宣布無力兌付。成千上萬投資者面臨血本無歸的慘況，其中多的有上千萬，幾百萬的更是比比皆是！

　　而這一切，在Ａ終於千辛萬苦收回投資款後一個月就發生了。現在再查那家公司網站，對方已經出現多筆投資項目無法兌付的狀況，眾多投資者欲哭無淚。

　　就在我為Ａ暗自慶幸的時候，有一天忽然接到了Ｂ的電話，他在那邊問：「刀哥，上次你說有個朋友投資款的事，後來怎麼樣了？」

　　我說，拿回來了。

　　他一聽語氣頓時變了，彷彿溺水的人撈到了一根救命稻草一樣：「能不能告訴我，是怎麼拿回來的？」

　　我一聽心裡咯噔一下，問：「你不是說你買的不多嗎？」

　　再一問，Ｂ大概從兩年前就開始參與網路借貸的投資，從將信將疑到深信不疑，從淺嘗輒止到傾囊相投，一步步地把自己所有積蓄投了進去，甚至號召親戚朋友也參與了投資……

　　資金總額是Ａ的兩倍不止！

　　他有些懊惱地說：「我真是沒想到會這樣，前段時間你跟我

說的時候，我還不以為然，現在後悔死了！你能不能幫我也想想辦法，看怎麼才能把這錢討回來？哪怕一部分也行啊，那……那真是我們家全部的財富了！」

B的焦急溢於言表，他甚至第二天一早就趕來見我。可是……這一次我真是無能為力了，因為他投資的那個平臺負責人已經投案自首，警方經偵已經介入，後面的走勢就不是普通人可以左右的了。

那天B方寸大亂，完全沒了之前多年的淡然自若。他說自己為了投資這個項目，還賣了一套房，並且把父母養老的錢也投了進去。

大概幾天後，B發了一條朋友圈：

從來沒有想過，自己會在這個年紀一貧如洗。

6

在過去的這幾年裡，互聯網金融風起雲湧，很多人因為它賺了錢，連我家樓下都開了不止一家這樣的理財公司。不知道為什麼，我對這種脫離了銀行監管和自己帳戶控制的理財項目一直沒有什麼安全感，因為除了前面說的那條原則之外，我還有另外一條原則：

如果某筆投資理財真的離開了我的銀行帳戶，那麼我一定做好了它全部虧光的準備。

可是，真的要讓我把全部身家匯到另外一個人或者一家公司帳戶上去投資理財，這種事我根本不願意做，因為我根本接受不了投資本金「全部打了水漂」的最壞結局。

在過去這麼多年的理財嘗試中，我經歷過不知道多少次上漲和下跌、賺錢和虧損，深知有時候理智會敗給衝動。類似網路借貸這樣的投資理財陷阱，每過幾年就會重新更新一次，只是網住的是不同的韭菜而已。

我可以接受自己的銀行資金賺錢少，甚至部分資金收益沒有跑贏CPI，但是它至少能夠保證資金安全。投資理財的時間越久，你就越會發現：「本金安全」才是投資理財領域至高無上的真理。

因為只有這樣，你才可能擁有下一次機會。

而網路借貸領域的爆雷再次將「你看上了人家的收益，人家看上了你的本金」的怪現狀呈現給外界，但是怪誰呢？有些人怪主管部門，有些人怪公司，卻很少有人怪自己。

說實話，A真的是運氣好，但是很難說下次還會有這樣的運氣。B明顯失於貪婪，在一步步中越陷越深……

從某種角度上說，投資市場會暴露甚至放大人性中的「賭性」，賭它不會虧、賭它不會跌、賭最後接盤的不是自己……A、B皆是如此。

當然我也並不值得驕傲，因為我過去虧的、跌的、接盤的經歷其實並不少，只是因為那些數字還在自己可以承受的範圍內，沒有說出來而已。

所以，該謹慎的時候千萬不要貪啊。

女性為什麼一定要理財

> 凡是物質上不能獨立的關係，
> 精神上同樣不能獨立。

前段時間，我參加了一個媒體舉辦的「女性理財」主題活動。當時參加活動的大多是女性，分享結束後，忽然有個讀者站起來提了個問題：

「為什麼你要在理財中強調性別，你不覺得這是在刻意製造對立嗎？」

提問的女性大概二十八九歲，看上去光鮮亮麗，意氣風發。

我問：「那你的錢都是自己打理嗎？」她想了想說：「不是，我跟我先生從來不分得那麼清楚。」

我說：「那在沒遇上你先生之前，你對生活也是這麼有把握嗎？」她略猶豫了一下。我又問：「有一個假設，僅僅是假設，萬一你沒跟你先生在一起，你還能對理財這件事這麼篤定嗎？」

她臉色一沉，頓時就有些不高興。

我才不管她高不高興，因為生活的鐵拳從來都不會因為你不

高興就繞著你走。

1

我向來無意分享什麼「雞湯」，那些東西很容易就被打翻。作為一個經歷過很多事情也見識過很多事情的成年人，我只希望每個人在考慮生活的時候，不要僅僅考慮一種可能性。

尤其是在錢這個問題上。

在《世上有顆後悔藥》那本書裡，我曾經寫過一個身邊熟人的真實故事：一個關係很好的女同學，性格溫柔和善，在一家企業工作了很多年，一度做到很高的位置。

因為家庭教育的關係，她一直把做好一個賢內助奉為圭臬，所以在後來遇到她先生、結婚後沒多久，她就放棄了自己的事業，甘心當起了家庭主婦。

她不僅把家裡的大事小事處理得井井有條，還為丈夫的事業發展出謀劃策，一步步幫助先生從行業新人走到業界翹楚的位置。

因為對夫妻關係很有信心，她並沒有在錢這件事上做過多考量，不投資，不理財，基本都是靠先生每月給的家用生活，有了孩子後甚至會用上自己以前的積蓄。

我曾經勸過她，在財務上應該多做一些考慮，她也沒怎麼聽進去。日子就這麼過了五六年，有一天她無意中發現先生已經有了外遇，不僅身體一直在出軌，還給對方花了很多錢……這事如五雷轟頂，讓她難以接受。

　　掙扎了很久之後，她不得不考慮一個問題：怎麼辦？

　　當時她來徵求我的意見，我說完全看你自己。如果你不能接受，那就徹底離開他；如果你覺得無所謂，假裝不知道也行。

　　她說：「我不能接受。」

　　我說：「那你就離開他。」

　　她卻猶豫。

　　很快我就明白她在猶豫什麼了。過去那麼多年，她已經基本放棄了自己的事業，也基本沒有了收入，加上從來沒想過會發生這樣的事，所以從來沒有在財務上做過其他規劃。

　　如果真要離開先生，一個人帶著孩子，她無法確定自己能不能安穩地走下去。

2

　　你看，這就是一個很尷尬的局面：你不能接受另一半出軌，卻因為自己從來沒有在財務上做過第二手考慮，結果連另起爐灶的機會都沒有。

　　說一下後來的事情：

　　她跟先生攤了牌，她先生只是略略驚慌了一下就坦白承認了，說自己跟那個小三只是玩玩，他還是想跟她在一起好好過日子，言下之意就是讓她別鬧了，「踏實」過日子吧。

　　她痛苦了很久，看在孩子還小的分上忍住了離婚的心。可沒多久對方故態復萌，再度出軌，又被她發現。這一次對方連猶豫都沒有猶豫一下，爽快地承認了，還說「我就這樣，你自己考慮

怎麼接受吧」。

她從此覺得婚姻生活再不像以前那樣，覺得對方陌生，自己陌生，兩個人在一起生活的狀態更陌生。

又過了一段時間，大家再次見面，朋友們發現她憔悴了好多。其他人勸她，她也聽不進去，只是一遍遍跟大家傾訴她有多不容易，多為對方著想，不明白對方為什麼會這麼對待她。

聽得多了大家也都沒什麼辦法，後來只好假裝不知道發生了什麼，甚至刻意迴避跟她見面。

有一次她跟我發微信又說起這事，我實在忍不住了：「出現現在的情況，至少一半責任在你自己身上。」

她覺得這不合理啊，出軌的又不是她。

我說：「他為什麼能這麼肆無忌憚地對你？還不是因為你一點還手之力也沒有嗎？」

可不是嗎，一個女性對生活的把握，對工作的把握，對獨立收入的把握，甚至連對家庭財務主導權的把握，她自己都放棄了。這些普通人得以實現精神獨立的要素一個都沒有，卻揹著一個所謂賢良淑德的名號，過著痛苦不堪的日子，這值得嗎？

她覺得我說得很對，可一年後她還在那裡繼續痛苦，沒有什麼變化。

3

這個女同學的遭遇絕對不是絕無僅有。

到了現在這個年紀，目睹和經歷的事情越多，越發覺得人的

精神獨立有多重要——這一點其實很多女性是認同的，但當她們問究竟應該怎麼做時，我的回答常常會讓她們很詫異：「你首先要爭取財務自主權。」

財務自主權？這不是物質條件嗎，充其量也就是物質獨立，跟精神獨立有什麼關係？

當回過頭再去看我那個女同學，想想她困在目前這樣痛苦的境地中無法擺脫的最重要原因，不就是因為她擔心離開對方無法生活嗎？

為了先生，她放棄了工作，放棄了事業，放棄了自己可以掌控的世界，甚至連生活來源都成了先生每月給的家用，就這種情況，你還想精神獨立？

凡是物質上不能獨立的關係，精神上同樣不能獨立。

這個結論不僅適用於夫妻關係，在父母、子女、親友關係上同樣適用。

但很多人，尤其是很多女性，常常意識不到這一點，甚至覺得這種事情肯定不會發生在自己身上，所以才會有前面讀者會上那位年輕女士的疑問：

「為什麼你要在理財中強調性別，你不覺得這是在刻意製造對立嗎？」

不，正因為我不想刻意製造對立，才提醒女性朋友：要保持

精神獨立，首先要保持物質獨立，只有這樣有些事情才不會甚至不敢發生在你身上。

否則它一旦真的發生，你連一點還手之力都沒有，還會那麼言之鑿鑿地認為是別人在製造矛盾嗎？

稍微有些生活閱歷的人其實都知道，所謂獨立並不是要在彼此相處的過程中劃分得一清二楚，而是知道自己要的是什麼，也知道為了實現這一點自己應該怎麼去做。

請注意，「自己要什麼」的主語是自己，而永遠不會是其他人。

4

正因為如此，我一向對「你不用努力，找個好男人就行了」這種話嗤之以鼻。

我的家人中有因為這樣的觀念而葬送掉自己一生幸福的，我的朋友中也有因為這種想法把生活過得一團糟的，還有前面講的那個女同學，至今依然沒有找到太好的解決方式，貌似只能繼續這麼困頓下去。

所以我妹妹當年結婚的時候，我對她就一句叮囑：一定要有財務主導權。

所謂財務主導權並不意味著你要承擔生活的來源，而是即便你是全職主婦，也要擁有屬於你的財務主導權。

是的，「我的是我的，你的還是我的」，就是這麼自私。即便我是男人，在財務主導權這件事情上，我依然支持女性自私一點。

可能是父母這代人很少跟我們說起錢的緣故，很多女性朋友對財務主導的理解並沒有那麼深刻，很多人都是進入婚姻關係和家庭生活後，才一點點明白的。

索性就說得再明白一點，拋開家庭日用開銷，在每月可支配收入的範圍內，女性更應該考慮主動理財，原因很簡單：

一、女性常常是一個家庭的樞紐。

上有老、下有小的狀態雖然對男人來說也適用，但他們常常拍拍屁股就去外面浪，還美其名曰「去賺錢」，實際上常常把家庭的重擔甩給女性。

別問我為什麼這麼說，我也是個不可靠的男人。

在這種情況下，女性主動理財才能更方便地掌控家庭財務主導權。等男人反應過來的時候，你的段位早已超過對方了，給他十個膽子也不敢對你怎麼樣！

二、女性在中國的社會壓力更大。

中國的女性不像日本等國家，結婚後就自動回歸家庭。她們常常還要兼顧自己的工作和事業，內外壓力更大，而理財絕對是「日常減壓」的必要方法。

　　不說別的，最近這段時間各位新入群的女同學們光是看見自己帳戶上「錢生錢」的快感，就足以開心快樂了，只有你們開心了，才能國泰民安、風調雨順，不是嗎？

　　三、女性需要建構自我心理保障。

　　永遠別有那種「這種事不會發生在我身上」的幼稚想法，「畫虎畫皮難畫骨，知人知面不知心」，這種話說一萬次你可能都不會放在心上，只有發生一次才會記清楚。

　　可是發生一次那得讓人多難受啊，那種代價太慘痛，我寧願它永遠不發生。萬一真的要發生，你也一定要知道該怎麼去應對，至少不能像我那個女同學那樣，因為害怕無法獨立生活而只能讓自己煎熬著。

5

　　真正理解上面這些知識點並加以實際操作後，你才會知道女性在理財上多麼天賦異稟。

　　和男性相比，女性更加務實，目標也更加清晰。

　　我認識很多男性，普遍對基金投資不感興趣，要嘛認為這是騙人的，要嘛認為它賺得太慢，「要賺就賺大錢」，除非他們自己吃了虧產生懷疑，否則你很難說服他們。

但女性就不同了，她們普遍具有天然的「風險警惕意識」，對風險的嗅覺更加靈敏，你跟她們說「投資最重要的除了賺錢就是安全」，她們一下就能理解「安全」這個核心。

雖然這種風險意識也常會導致女性犯一些錯誤，但只要弄明白問題的關鍵，她們的修正能力普遍很強。

和男性相比，女性的風險意識顯然更強。

在投資理財具體操作上，男性更激進更冒險，更喜歡刀尖舐血的緊張激烈，說白了就是「賭性更重」，老想一口氣吃成個胖子。按部就班的基金定期定額並不在很多男性的選擇範圍內，因為非常不隨心所欲，他們更愛股票。

而女性則不然，在投資理財的過程中，她們首先考慮到風險，這往往能夠幫助她們獲得更高的收益。

當然，基金只是適合女性理財的選項之一。無論是從成長空間、變現便捷性，還是獲利可能性上看，基金都是所有理財方式中非常重要的一個。

女性要學會給自己找個「生活的備胎」。

還是那句話，女性當然可以把你的未來全部寄託在另外一個人身上，那是你的權利。如果你心裡稍微有一些拿不住，不妨給自己找個「備胎」。

在我看來，理財就是女性最好也最穩妥的備胎，從理財開始

的財務獨立至少能夠幫助你在面對生活中某種變故的時候，毫不示弱地一個耳光打回去。

至少不能因為沒錢，而只能憋屈地活著。

更關鍵的是，男人會背叛你，但錢不會啊。

離開北京與降維式生活

> 很多人認為錢少就是降維，只有真正經歷過生活各方面考驗的人才會知道，錢只是你需要面對的考驗中的一種。和錢少相比，沒有新的機會以及更好的基礎支撐，才是真正的壓力和降維。

大半年前的那個初夏，阿東忽然告訴我，他準備全家離開北京，返回家鄉生活和工作。

他的這個決定讓我很驚訝，我和阿東認識差不多十來年了。他是一個80後，在一家IT公司的技術部門工作，有一個孩子已經5歲了。

阿東工作的單位和影視行業的動畫特效部門有點類似，經常加班，但收入還可以。阿東的太太是一家貿易公司的職員。他們和絕大多數在北京生活的年輕夫妻一樣，勤奮認真，一心一意經營著自己的生活。

正因為這樣，當他告訴我準備離開北京的時候，我才有些意外。

我問他為什麼,是因為工作壓力嗎?

他說並不是,他在那家公司發展得還可以,收入也不錯,他考慮帶著全家回老家主要是因為孩子上學的問題。

儘管在北京已經工作生活了很多年,但是阿東夫妻倆的戶口依然在家鄉原籍。孩子上幼稚園大班的時候,因為考慮到幼小銜接的問題,兩口子折騰了很久,他們覺得實在是不方便,於是動了想離開北京回家鄉的念頭。

這個念頭一旦起來,就像野草一樣抑制不住地蔓延生長。

半年後,這事進入了實際執行階段,初夏,他們全家就已經搬回了老家。

他是最近這兩年我身邊認識的人中離開北上廣的最新例子。

1

當阿東把決定告訴我時,我除了意外,更關心的是他們回去之後的生活和工作怎麼辦。

他說生活還好,畢竟是家鄉城市,自己比較熟悉。而工作肯定需要再找,他覺得那個城市發展得很快,父母在當地也有一些資源和人脈,他計畫自己創業。

補充幾句,阿東的家鄉在南方某省的省會城市,這幾年經濟發展得很快。阿東說每次回去都覺得家鄉有了很大變化,甚至已經開通了地鐵。

這種發展速度讓之前從來沒有想過在家鄉生活和工作的阿東兩口子覺得很意外,也多了一些回去的信心。

另外阿東覺得返鄉後生活的難度也降低了很多，不說別的，孩子以前在北京上私立幼稚園的費用每個月差不多要4000多元，而當地一所挺好的幼稚園收費不過1000多元，這讓有心生二胎的阿東覺得非常合適。

阿東算過，現在他們在北京，一家三口的吃穿用度加上房租，每個月至少是15000元的固定開銷，返回家鄉以後，頂多5000元。

這還不算在北京的工作壓力以及生活環境。

因為錯過了最好的時機，阿東兩口子在北京沒有買房，一直租房住，阿東妻子對每隔幾年就要搬一次家這件事情特別不喜歡。儘管他們的收入還算穩定，但北京動輒每平方米七八萬元的學區房對他們而言也有很大壓力。

而阿東家鄉的房價現在貴的也不過七八千元，以他們兩口子的積蓄完全可以買下一個三居室。

這兩年有一個很流行的詞叫作「降維式消費」，其實就是「消費降級」。

在阿東看來，在北京打拚這麼多年，儘管收入和工作還可以，但是他覺得自己一直在過降維式生活。

因為北京生活成本太高，再加上還要為孩子未來的教育考慮，他們一家過得並不算太寬鬆，至少比不上那些留在家鄉發展的同學。

人家每個月賺個5000元就能過得特別優渥，他們兩口子在

北京總收入都快3萬了，但似乎跟別人沒法比。

2

　　轉眼到了秋天，阿東全家已經回到那個二線城市的幾個月後，我們聊過一次。

　　那時候阿東感覺還不錯，他說他們已經在家鄉看中了一個社區，準備買下一個三居室。這個社區附近就是當地一所比較有名的公立小學，各方面條件都還不錯。

　　當時阿東的妻子已經找到了一份普通職員的工作，雖然薪水比北京低了差不多一半，但是無論是工作時間、壓力，還是工作強度，都比北京小了很多。就連他們的孩子也已經順利上了當地的一所幼稚園。

　　那時候阿東既有回到家鄉的踏實感，又有生活壓力降低之後的舒適和愉悅，讓人沒想到的是，短短幾個月之後一切都發生了變化。

　　有時候很多問題之所以存在，常常在於你思考它的角度。

　　那年元旦，差不多就是阿東全家回家半年之後，我在朋友圈裡忽然看到阿東回北京了，當時我以為他是來出差的，於是聯繫他約著吃了個飯。

　　見了面我才知道，阿東這次回來居然是聯繫新工作的。這讓我非常吃驚：

　　現在離他們回到家鄉不過半年時間，出什麼問題了？

　　阿東猶豫了一會兒才說，他們似乎把返回家鄉這件事情想得過於簡單了。

　　首先是工作，他說自己在過去幾個月中一直在當地創業，可是最後發現這個過程非常不容易。

　　「很多事情我在北京跟人交流一兩句，別人就能明白，在那裡費半天口舌，對方還是似懂非懂。」

　　另外，他想做的項目，在北京的應用還算廣泛，可是在當地似乎市場需求沒有那麼高，這讓他努力工作了幾個月卻收效甚微。不過想想，北京常住人口是2300多萬，而當地不過是這個數的零頭。

　　他畢竟在北京打拚了十多年，有一定的積蓄和見識，所以這種狀況對他來說壓力並沒有那麼大，真正讓他和妻子產生動搖和壓力的是孩子的教育。

3

　　他說當時決定離開北京返回家鄉的主要原因是孩子的教育，特別是考慮到未來孩子教育的便利程度和成本問題。

　　等他把孩子送回家鄉幼稚園之後，剛開始的確感受到了這方面的好處，孩子上學的經濟壓力小了，當地幼稚園的環境看上去也還不錯。

　　去年秋天，幼稚園舉辦了一次親子活動日，邀請家長去學校觀摩，阿東兩口子卻發現了問題。

　　那所幼稚園硬體條件還不錯，飲食也還可以，但是有些老師

連普通話都說不好，個別年紀大的還操著一口當地方言，結果孩子回去沒多久就學到了一口地道的「方言普通話」，讓阿東夫婦哭笑不得。

這還不算什麼，在北京的時候，孩子上過的那所私立幼稚園雖然貴一些，但是每天都有一個興趣班，教孩子音樂、美術和英語對話等等，阿東的孩子四歲的時候就能唱英文歌了。

但是在當地的幼稚園，別提英文了，很多大城市已經普遍進行的早教項目也沒有。老師們主要就是看著孩子們，讓他們別磕著碰著出事兒。如果想給孩子上早教興趣班，那只能到校外幼教機構。阿東找了很久都沒有發現一家滿意的機構。

在瞭解到幼稚園的這種情況之後，阿東覺得有些不放心，他開始瞭解當地小學基礎教育的情況。這一瞭解，他更不放心了。

舉個例子，北京的小學從一年級開始就上英文課，但是在當地到小學四年級才有英語課。

「現在英語多重要啊，剛開始就比別人晚三年，以後怎麼趕得上？這還只是基礎，還不算口語聽力這些差距呢！」

然後就是當地的教育模式。阿東發現當地的義務教育基本還處在題海的傳統模式中，他有個同學的孩子才小學一年級，每天晚上要做很久的作業，經常要忙到晚上11點才上床睡覺，讓孩子苦不堪言。

有些時候家長和老師溝通，老師們還是以前的看法——不這樣孩子就會輸在起跑線上。

　　可是真正與孩子起跑線密切相關的其他選項，比如興趣開發和素質教育，當地似乎又沒有。

4

　　阿東跟妻子詳細溝通了一次，發現妻子的擔心還不只這些。

　　妻子說以前在北京工作，大家生活節奏都很快，在這邊生活節奏的確慢下來了，但是壓力也小了，之後人的技能和感知似乎在慢慢退化。

　　這種感覺說不上不好，但是總覺得有點奇怪，就是有種30歲就能看到人生盡頭的感受。

　　在北京的時候大家不管怎麼樣，都會習慣性地往前走，不管有多大的困難，都會想辦法去解決。但是在這裡不同，大家已經習慣了用某種固定的節奏生活，這讓阿東的妻子非常不習慣：「好像我的人生就只能這樣了……」

　　真正給了他們關鍵一擊的是孩子後來的一次生病。那次孩子生病了之後，他們去了當地的一家醫院，結果查了好幾次都確定不了孩子的病情。當地醫生建議他們去好一點的醫院複查。

　　沒辦法，兩口子帶著孩子又來了一趟北京，這才確定孩子感染了一種比較少見的病毒，前前後後治療了一個多月才康復。

　　阿東說，要是以前在北京，可能跑一趟醫院就知道該怎麼處理了，沒想到回到家鄉後反而失去了這種便利。

　　阿東忽然發現，在北京儘管壓力很大，但是生活品質、教育水準、醫療水準還是比較高的。返回家鄉之後，儘管生活壓力小了，相應地，人的思維境界、教育水準、醫療水準也降低了。

　　阿東苦笑著跟我說，以前他是單純用錢來衡量，認為自己在北京過的是降維式生活，當他返回家鄉，有了切身的體會後才發現：

　　真正的降維是指在思維、教育、醫療等方面的下降，而不僅僅是錢的問題。

　　以上種種，讓阿東開始重新審視自己一家返回家鄉的決定，他似乎意識到自己之前的考慮並不那麼完善。

5

　　那次見面時阿東問我的意見，我覺得對於大多數想把日子越過越好的年輕人來講，其實在哪裡生活不重要，關鍵是這個生活要能夠適應自己的需要。

　　就像阿東夫妻倆，因為長期在北京生活和工作，這個城市儘管有這樣那樣的不足，但是它的某種長處已經融入他們的生活中，也會進一步影響他們的思維方式。而我們習以為常後常常會忽略這些長處，只看到短處。

　　同樣，當我們站在遠處看自己的家鄉時，也常常會只看到長處，而忽略掉問題。一旦返回家鄉城市，當長處變成習以為常

後，那種短處就開始讓人耿耿於懷了。

　　就像孩子的教育。阿東說，當他真正處在家鄉環境中時，才發現自己在乎的其實並不是每個月給孩子多花幾千塊錢，而是孩子能不能得到更好的教育或者醫療支持。

　　阿東說，他現在才意識到：

　　以前在北京每個月多花的那些錢，其實更大程度上是在為這種長處和便利買單，如果不能在更好的環境中生活，而在傳統守舊和刻板的思維方式中進行自我複製，這似乎是一種更大的自我消耗。

　　阿東說，他後來才想明白，一旦在北京、上海、廣州、深圳這種一線城市體驗過不一樣的生活方式之後，再回到家鄉那樣的環境中，其實是很難適應的，這可能就是另外一種「由儉入奢易，由奢入儉難」吧。

　　那天見面後，他問了我一句話：「刀哥，你說我算不算走了一段彎路？」

　　我想了想說，其實不是，中國發展這麼快，國家又這麼大，人也這麼多，難免會有各種各樣意想不到的情況。

　　只是有時候我們考慮問題常常只是從單點出發，就像降維這件事情。

　　很多人認為錢少就是降維，只有真正經歷過生活各方面考驗的人才會知道，錢只是你需要面對的考驗中的一種。

　　和錢少相比，沒有新的機會以及更好的基礎支撐，才是真正的壓力和降維。

　　那次見面之後，阿東又回到了家鄉。他已經決定春節後先返回北京工作，辦理工作居住證，然後再接孩子回北京來讀書。

　　他說，他妻子也已經同意了他的這個想法，他們計畫在返回家鄉一年之後重返北京。

第四章

別總想著在錢上
佔生活的便宜

當那個踏實努力賺錢的
前同事突然消失了

> 就算人生遇上一些困難，也不要鋌而走險，雖然可能躲得了
> 一時，但肯定躲不了一輩子吧？

　　那幾天因為有事情找前同事G，打電話關機，發微信不回，
怎麼都聯繫不上她。我們已經認識好幾年了，這種情況從來沒有
出現過。

　　回過頭想想，發現我兩個多月前聯繫她時她就已經沒有了回
音，這頓時讓我覺得有些奇怪。

　　再看她的朋友圈，最新一條居然是一年前的11月發的。也
就是說，她的朋友圈已經差不多有十個月沒有更新了。

　　我也認識G的先生，於是又給她先生發了微信，可她先生也
一直沒有回覆我。

　　這真是很少見的事，平常我們聯繫得雖然不多，但只要看見
訊息都會第一時間回覆，難道他們出了什麼事？

　　我當然不願意相信這種猜測，因為G在我心目中是一個做事

很穩妥的人。

1

　　我和G認識是在一家體育公司上班的時候，當時她在設計部工作，我負責對外宣傳，因為工作的原因經常碰面，久之就熟悉了。

　　做過設計工作的人都知道，這個職位通常需要承擔非常繁重的工作任務，尤其是有活動的時候，總是加班，而且一加班經常要加到凌晨。

　　G是一個女生，但從來沒聽過她叫苦叫累，她也從來沒有因為自己是女生而降低過自我要求。

　　儘管設計是一個見仁見智的差事，但是從我的角度看，她做得真是很好。

　　那段時間我們承擔了很多項目，任務很重，時間也很緊。她都是任勞任怨，給我留下了很深的印象，到了後來我們可以有自主項目的時候，我就經常直接交給她。

　　像我這種經歷過一些事情的人，要建立對別人的信任感其實並不太容易，都是在一件接一件的事情中慢慢累積起來的。

　　我們共事了一年多，一起經歷了很多現在想起來都特別讓人崩潰的項目，但是都扛下來了。

　　後來我們的關係更近了一步，因為有一天G忽然問我是不是在報社工作過。我說是。G說，她有一個堂姊也在那家報社，她說了堂姊的名字，我恰好認識，關係還不錯。

你看，世界就是這麼大，但世界也就是這麼小。

因為這個原因，我跟G的關係更好了，哪怕在我離開了那家公司之後，我們也依然保持著工作和生活中的交往。偶爾我這邊有可以外包的差事，我都是直接交給G，她也都完成得很好。

後來我一個朋友的新公司在徵人，我在朋友圈轉發了招聘啟事，忽然接到了G的電話，她說：「您能不能考慮一下我先生？」

我就問她先生以前是做什麼的。她頓時支吾了一下，說她先生已經很久沒有上班了。

我覺得有些奇怪，又問了一下她先生的學歷和工作經驗，學歷還可以，但為什麼很久沒有上班？

G跟我說，她先生總是對工作不太滿意，可能也是一直覺得沒有找到太合適的，不知道我能不能給她先生推薦這個機會。

2

後來我就約她先生見了一面，她先生三十出頭的年紀，看上去還挺誠懇的。我有些奇怪地問他：「你為什麼待著好幾年沒去上班？」

他說之前總是不確定自己想要什麼，隨便找個工作又覺得不甘心，這麼一來二去地就給耽誤了。

我說工作最好還是要踏實地往前走，一步步來，不要想一口吃成個胖子。他說是的，他也想安定下來。

後來就安排他去朋友公司面試，朋友也覺得他還不錯，通過

了面試之後很快就開始上班了，薪資什麼的都還可以，事情就這麼穩定下來。

　　再往後我們就是逢年過節彼此祝福一下，感覺解決了先生的工作問題之後，G兩口子生活就應該比較踏實了。

　　又過了幾個月，G告訴我她懷孕了。她說以前只有她一個人工作賺錢的時候，總有種不安定的感覺，根本不敢想要孩子的事，現在終於好了。

　　再後來G生了一個十分可愛的兒子，時不時在朋友圈裡發照片啥的。當時感覺G和她先生感情很好，過得也幸福美滿，並沒有什麼讓人覺得意外的地方。

　　她先生在我朋友公司工作期間，有次我問起他的情況怎麼樣，朋友說別的都還可以，但就是有點喜歡跟人借錢。

　　我聽了有點意外：借錢？

　　朋友說是，好像他手頭不太寬裕，不過借的也不多，一千多塊錢，倒都是有借有還的。我聽了這才放下心來。

3

　　後來就是文章開頭寫的我因為工作的事情想聯繫G，但是找不著她。這時候我才發現，兩個多月前想找G也一直沒有聯繫上，當時我也沒多想，就這麼拋在了腦後。

　　後來跟她先生聯繫，結果她先生居然也一直沒有回覆，這就讓我覺得有些奇怪了。

　　G的朋友圈最新的一條還是一年多以前的，而她的微博也差

不多從那時候開始再沒更新。

這麼長的時間沒有露面，也沒有任何消息，這完全不符合交往這麼些年G給我的感覺。

想來想去，我直接給原來單位共同認識的同事打了個電話。

同事一聽我找G，立馬警覺地問：「你是不是也被借了錢？」

我聽得一頭霧水，問：「什麼借錢？」

他說你不知道嗎，去年年底G跟公司很多人借錢，然後跟公司請了一個長假，說家裡有事要處理。因為她在公司工作已經很長時間了，大家也都很信任她，所以都借給了她。

可是從此之後G就消失了，請假到期後也沒有回公司來上班。大家都很驚訝，以為出了什麼事，連忙去找，這才發現根本就聯繫不上她。

我大吃一驚，幾乎不敢相信自己的耳朵：「G跟公司很多人借了錢，然後消失了？」

那位同事說：「是啊，有些人就只借了幾千，損失還不算大，可有些人借了上萬，最多的一個是她現在部門的負責人，直接跟人家借了將近十萬塊錢。」

我聽了之後特別驚訝，這完全不像是我認識的那個G做的事啊。

我問同事：「那你們去報警了嗎？」

同事說：「報了，但員警說像這樣的情況屬於民事糾紛，他們也沒有辦法，要大家去法院起訴。」

4

那位同事告訴我，因為 G 在公司工作時間已經很久了，大家都很信任她，所以當她開口時，大家都毫不猶豫地幫她的忙，想著能幫她解決這個燃眉之急，但誰也沒想到會發生這樣的事。

後來因為人聯繫不上，同事之間才開始相互對細節，一對才發現公司很多人都被 G 借過錢，而且數目還不少的樣子，一共算起來大概有七八十萬的樣子。

更讓人沒想到的是，在報警過程中還瞭解到 G 不僅跟現在這個公司的同事借了錢，連以前工作的公司同事也借過錢，總數大概也有幾十萬的樣子。

因為 G 之前的口碑和風評很好，大家完全沒有把這件事情放在心上，也都借給了她，沒想到會出現這種情況。

就這樣，G 帶著借來的這一百多萬，跑路了。

說實話，如果不是親耳聽到這些事情，我根本不相信。以我這些年跟 G 的相處來看，真的覺得她是一個非常有分寸而且得體的女生，也很愛孩子，對工作也認真負責。

如果她真的是一個心術不正的人，狐狸尾巴早就露出來了，怎麼會等到今天？

我想起了她先生，連忙給那朋友打電話。

結果朋友跟我說：「啊，你不知道嗎？他去年底就已經離職了。」我更意外了，我真不知道他離職的事。

我問他工作的情況怎麼樣。朋友說：「還好，但是他一直希望能夠升遷跟加薪，可你也知道他的工作狀態其實很一般，業績

也沒有那麼好，所以我一直沒有同意。後來他就提了離職……」

我直接問：「那他有沒有跟同事借錢？」

朋友很驚訝：「你怎麼知道？」

5

原來G的先生在離職前後，也跟很多同事借了錢，甚至跟我這個朋友借了錢，前前後後借了大概有二十萬。但借了之後大家就再也找不到他了，一直到現在。

聽到這裡，我頓時有些愧疚，畢竟他是我介紹到朋友公司去的。

朋友倒沒怪我，只是說後來有員工報警了。員警查了一下說，這個人似乎還在網上借了很多貸款，也一直沒還，信用紀錄一團糟。

儘管他借的人數比較多，但是每一筆都是幾千到一萬，個別金額並不高，考慮到起訴的時間和經濟成本，很多人就沒走法院起訴這條路。

這件事情讓我聽得瞠目結舌，這兩口子在搞什麼鬼？

我忽然想起了G的那個堂姊，也就是我之前在報社的那位女同事，連忙給她打電話。

她一聽就叫苦不迭地說：「天哪，還有你們這邊哪？」

我一聽，啥意思？她說：「我們現在也找不到這兩口子，他們跟家裡人借了很多錢，大概也有六七十萬，這些錢裡甚至包括有些親戚準備給孩子出國留學的費用，然後跑路了，家裡已經找

了他們快一年了。」

我問也是G跟他們借的嗎？她說對呀，如果是她老公，他們才不借呢。她老公以前長時間不工作，大家都覺得他很不可靠，所以不搭理他，但這次沒想到居然是G來借的，家裡人覺得於心不忍，所以就借了。

可是借了之後，G兩口子就帶著孩子消失了，連她父母都找不著他們。家裡的親戚又著急又生氣，後來還有人陸陸續續找上門要債，才知道他們在外面欠了很多錢。

後來他們父母幫著還了一部分，但那麼大數目的錢，已經退休的父母哪兒還得了，後來也沒辦法了。

G的堂姊說，G的父母幾乎是一夜間白了頭髮。

我又一次聽得驚呆了……

6

算了一下，G兩口子借走同事一百多萬，自己親人的七八十萬，總共約兩百萬元，然後帶著孩子消失了，把父母扔在家裡，面對每天找上門的債主。

這已經不是在借錢，而是詐騙了。

G的堂姊說，其實以前G不是這種人，大家從小一起長大，彼此很瞭解。但是她先生真的有問題，這麼多年沒有工作，好不容易找到工作了，卻總是希望自己一夜暴富，或者用一份高薪的工作證明自己的能力，可是天上哪有那樣掉下來的禮物。

這時候我才知道，我給他介紹的那個工作差不多是這些年來

他做的最長的一個，可也只做了不到兩年。

　　我問：「那Ｇ消失快一年了，也沒有跟家人聯繫嗎？」她堂姊說沒有，家裡也特別著急，但他們倆居然就像人間蒸發一樣，徹底消失不見了。

　　我把這些情況跟其他被借錢的人說了，大家聽了都有些震驚，完全沒有想到他們居然連自己的父母也不管，拿著錢就跑了，只帶走了自己的孩子。

　　這幾天我總覺得這事跟做夢一樣。

　　不管什麼原因，我只想告訴大家：

　　不管是什麼人，請一定要找一個靠得住的伴侶。這個人可以不好看，但是人品和三觀一定不能走歪。

　　另外，就算人生遇上一些困難，也不要鋌而走險，雖然Ｇ可能躲得了一時，但我想肯定躲不了一輩子吧？孩子總是要上學的，他們也總是要出來的……也就是別人沒有起訴，要真的起訴他們可就沒那麼逍遙了。

　　最讓人想不通的是Ｇ的先生，人真的要清楚自己要什麼。如果想過更好的生活，那就要付出十倍甚至百倍的努力。不想付出努力又想過好的生活，那就只有招搖撞騙了。

　　最倒楣的是那些借錢給他們的人，真是農夫與蛇般的刻骨銘心啊。

　　有人奇怪：「Ｇ為啥沒跟你借？」

　　還真沒有，可是為什麼呢？

　　這個問題真難住我了，我琢磨來琢磨去也沒想明白，如果她跟我開口，估計我此刻也會是討債的一員了。

　　還有一個教訓就是：再也不敢給人瞎介紹工作了。

當你發現同事
在錢上不乾淨，會怎麼辦

> 當你的實力越來越強，達到的位置也越來越高的時候，你會
> 發現周圍「賤人」的數量和比例會越來越少，跟你差不多的
> 人會越來越多，煩心事也會少很多。

有天我接到一個讀者的問題，他說他在一家公司工作，因為工作的關係經常和出納打交道，兩人關係還不錯。

有一天，另外一個同事跟他講這個出納經常把員工的報銷帳目搞錯，從來都是少發，沒見多發過。

他說他開始不相信，結果有一次輪到他自己領報銷的時候，本來應該領到3000元的報銷，結果出納只給了他2500元。他就去問出納是怎麼回事兒，出納沒說什麼，5分鐘以後又給他轉了500元。

沒想到的是，從此出納就不搭理他了。

他問我這件事情他有沒有做錯，如果是我應該怎樣處理。

我忍不住跑到我的微博上去搜了一下，還真找到了我在八年

前發的一條微博：

　　提醒前同事們，以後每月領報銷時，一定要核對數量，記清楚發了多少沒發多少。無故沒發的記得跟某人討要，這是記者編輯應得的收入，不是給某些同事貪污的銀行。以前不知道，但是既然這次貪污到我頭上了，那就一筆一筆地核對⋯⋯您究竟貪了多少錢？

　　是的，我不僅遇上過跟他一樣的事情，而且因為這事件爆發了一場唇舌之戰。

1

　　我的第一份工作是在北京一家報社。

　　如果對新聞媒體的工作稍微有些瞭解的話，就會知道這份工作的收入通常由兩部分組成，一部分是正常的薪水和保險等，這部分是固定的；另外一部分則來自稿費或者編輯費，這部分是浮動的，相當於績效獎金，多勞多得。

　　此外，因為記者經常需要出差，平常的差旅費都是先自行墊支，回來後按照單位的統一規定和標準進行報銷，超標自負。

　　我那時候經常出差，有時候一週就要跑國內好幾個地方，所以經常墊支機票和酒店費用，每次出差完了之後整理好票據，再拿回報社報銷，費用基本都在幾千塊錢。單位都會核算好之後報銷和清帳。

因為這些事情很瑣碎，並且出差的人比較多，工作量也比較大，所以那時候編輯部為每個部門安排了一位部務。

所謂部務，有點像部門的大管家，平常負責所有人的發票帳目，整理後上交財務，財務審核之後再負責報銷金額的發放。

在報社工作那11年，我經歷了不止一位部務，他們絕大部分工作都非常勤懇，沒有出過問題。

但在那一年我們換了一位四十出頭的女部務之後，各種神奇的事情就開始發生了。

有一次一個同事私下問我：「你有沒有覺得報銷帳目不對？」

我聽了還很納悶，那時候我還很年輕，對於有些不在興趣範圍內的事情關注得很少，像這個同事說的這件事情，我之前就從來沒有考慮過。

可能也是因為潛意識裡覺得這種事不可能發生在那樣一個文化人聚集的地方。

讓我沒想到的是，在我離開那家單位前後，這事以一種特別戲劇化的方式出現了。

2

2010年底，我跳槽到新公司上班。按照事業單位離職人員的規定，我必須要進行離職前的財務清帳。

記得當時原單位財務給了我一份長長的收支明細，包括薪水和報銷以及財務借款，讓我對帳後確認。

因為帳目太多，我就拿回家自己核對。起初我沒太當回事兒，核對了最近半年統一發放的薪資部分，沒有問題，但出差報銷部分總是對不上。要說差的數目倒也不多，但每過兩三月就會差那麼幾百塊錢。

當時我對有些事不太在意，但也絕對不是一個對錢沒有概念的傻子。這種每隔幾個月就發生一次的情況讓我產生了懷疑，於是我就花了幾天工夫，把過去幾年的報銷款項一筆一筆對帳，還沒有對完就發現了7000多元的數目差異，而那些年我墊付的差旅費用總共有上萬元並沒有回到我手裡。

這就讓人覺得很奇怪了。

於是我就跑去問那個負責發放報銷的部務。這個部務當時40歲出頭，跟報社某高層關係非常好，連這個高層家的孩子上下學都是她在接送。

我問她的時候，她像受到了什麼侮辱一樣：「怎麼可能呢，我每次都是準確發放的，從來沒有出現過任何問題。」

她越是這麼說，我就越懷疑，然後就想起了之前那個同事跟我說過的報銷帳目對不上的事情。

3

我又去找那個同事查證，他說：「你才知道啊，我上次跟你說你還不信。這女的帳目長期有問題，而且誰去找，她都仗著跟高層關係好，打死不承認。」

這個部務在當時負責四五個部門近百位編輯記者的報銷，後

來我才知道，發現帳目不對的遠不止一個同事，像我這樣後知後覺的，真的只是少數。

再去找那個部務，她的態度就變了，說話很難聽，還說我「沒事找事」。

我這人偏偏又是一個奇葩，你要跟我好好說話，我也沒什麼脾氣，你要跟我橫，那我也會馬上變得挺厲害的。

我扭頭就去找了女部務的主管，該主管一聽，一臉詫異的表情，說：「不可能吧。」我說是真的，然後就把帳目給他看。

主管說：「那行，我知道了，我跟她說說，如果有問題就讓她把錢趕緊退給你。」

結果這一等兩個星期都沒見動靜，我想反正這錢也跑不了，就先跟財務把別的帳目清了，辦好離職手續，就到新公司上班了。

可我到了新公司上班三個月之後，這事兒居然還沒有消息。

我覺得特別納悶，就問原來單位的同事，他們一聽都笑了，說：「你難道不知道這個部務就是這個主管介紹給那個高層的嗎？而且要是上面沒有睜一隻眼閉一隻眼，一個小小的部務膽子會這麼大？這麼多人的錢敢一個人吞？」

這才真是一語驚醒夢中人。

這時候我再聯繫那個部務，對方已經徹底不搭理我了，可能是覺得我已經離開了單位，拿她沒有辦法了吧。

4

她真是太小看我過去十多年跟社會上各種奇葩採訪對象鬥智鬥勇積累下來的經驗和能量了，我扭頭就在微博上發了那個帖子。

當時我的關注者其實很少，大概只有400人，不過絕大多數是原來報社的同事或者新聞界的同行，所以這個帖子一發出來，很快就引起了關注。

很快就有不少報社同行在下面留言或者轉發，說他們也遇到了同樣的事兒，同樣也去找過那個部務，她同樣也是敷衍塞責，就是不承認，臉皮厚得不行。

那時候，微博還是明星的內容居多，像我這樣關注度不高的帳號其實掀不起什麼風浪，所以對方起初並沒有把我當回事兒。沒想到後來圍觀的同事和同行越來越多，這事兒終於從網上傳到了現實中。

先是一個同事跑去找她：「我上個月的報銷好像又少了400……」她聽了一反常態地沒說什麼，很快就把這400元轉給了這個同事。

後來就有人跟她說，曾鵬宇在網上曝光了你。

這個部務其實也不玩微博，但知道這事後嚇壞了，主動給我打來電話，說想跟我聊一下報銷的事。

我說沒什麼好聊的，你就告訴我你的帳目有沒有問題吧。

她避而不答，反而說：「你就告訴我應該補你多少錢吧？」

我聽了忍不住冷笑：「你現在也不知道少發了多少錢是嗎？

這些錢並不是你的，而是我們為報社墊付的錢，你這跟盜竊和貪污沒什麼區別！」

我這麼一說，她有些掛不住了，那次溝通不歡而散。

後來這事不知怎麼傳到那位主管耳朵裡去了，很快那部務又跟我聯繫，這次直接說要退我錢。

她把過去三年當中對不上的7000多元，當天就全部退給我了。

但這事兒還沒完，把我的脾氣惹起來了，我可沒那麼容易善罷甘休。

5

她把7000元退給我後，就要我把那條微博刪了。

我說憑什麼，這事並沒有結束。她很吃驚，說：「我不都已經把錢給你了嗎？」

我說：「那是在我離職之前三年對不上的錢，而你一共做了我們五年的部務，那頭兩年的帳目是不是也應該查一下？這錢我就懶得對了，你自己去查一下，退給我。」

她聽了之後尷尬極了。

這話其實一點也沒錯。之前離職的時候，單位財務也跟我對了一下過去三年的帳，更久遠的帳並沒有對，我怎麼知道她在那兩年期間就一定是清白的？

再說了，前兩年清白，後三年貪污，有這麼巧的事嗎？

第二天，她不聲不響地又轉來了一筆帳，大概6000多元。

也就是說，在她擔任我們部務五年的時間內，光從我一個人身上，就拿走了13000多元的報銷款，而她當時負責上百位編輯記者的報銷發放。

我的錢拿回來了，但我還得想著廣大人民群眾啊。

我非但沒刪那條微博，還給好些同事吆喝了一聲，號召大家都去找她查帳，結果很多人都收到了她轉來的退款。

據說，她都要氣死了。

有些人說，託我的福，他們才能拿回這筆錢。幸虧我已經離職了，如果我還在那裡工作，是不是就沒有辦法拿回這筆錢了？

我想了一下，的確有這個可能。

那個單位是文化人聚集的地方，大家多好面子，很多人早就發現了帳目不對，但是並沒有撕破臉，才導致這個事情越演越烈。

但是她完全不瞭解我，在我心目中，只要這是我的錢，你就不能這麼貪走，至於什麼好男不跟女鬥、吃虧是福這種話，我從來都不信。

6

這件事情解決了之後的某天晚上，我忽然收到那個主管發來的手機簡訊，陰陽怪氣地說我走了還要興風作浪。

我毫不客氣地嗆了回去：「這事誰在興風作浪，你心裡清楚。這些被貪的錢，你敢說你知道？再給我廢話一句，我會讓你好看！」

那邊頓時變得安靜如雞，而我頓時覺得神清氣爽。我在報社工作的那幾年，這個主管各種劣跡，終於碰上了我這個刺頭。

有趣的事還不只這一件。

還有些前同事非常有趣：

他們明明是靠著我撕破臉順道討回了本來屬於他們自己的錢，後來卻在背地裡風言風語，說我太不寬容、太刻薄、手段太激烈、太不給人留餘地等等。

聽得我好想笑。

我從小受到的教育是讀書人要溫良恭儉讓，我也一度以此為行為準則，但是後來我發現：

這個世界在教育你溫良恭儉讓的時候，卻常常沒有告訴你當有人蹬鼻子上臉時應該怎麼辦。

也是從那件事情之後，我就開始奉行刺蝟原則：你敬我一尺，我敬你一丈；你要沒事招惹我，我就扎死你。

這套行為準則在隨後的這些年中幫助我克服了一個又一個困難，收拾了一個又一個「賤人」，久而久之，我在這些人眼裡就變成了一個神奇的存在。他們的確很喜歡欺負人，但是他們會本能地覺得我不太好惹，然後避開我。

7

所以回到這個提問的網友身上，他做得一點也沒錯，那些錢本來就是他的，錯的是那個出納。

如果真的要說什麼，那我認為他應該進一步提升自己，儘量地往上走，走到讓這些人不敢在你身上佔便宜，也不敢在你面前造次的位置，或者乾脆讓他們連你的腳後跟都看不見。

當你的實力越來越強，達到的位置也越來越高的時候，你會發現周圍「賤人」的數量和比例會越來越少，跟你差不多的人會越來越多，煩心事也會少很多。

我自己就是這麼做的。

在隨後的這些年，我再也沒有進入過像第一家單位那樣穩定而優渥的單位，儘管它給我打了很好的基礎，但是當我一步步地前進，不斷向上爬坡的時候，我發現它早就不適合我了。

這時候，我身邊的絕大多數人反而更加有禮有節，相處非常舒服。

所以當我們遇上這樣的事時，做應該做的事、挽回我們的損失是沒有任何問題的。

從長遠的角度看，我們更應該做的是不斷提升自己，走到更高更遠的地方，讓那些人徹底離開我們的世界。

當然，我們也可能會遇上更高級的「賤人」，不過沒關係，那時候我們的功力也已經漸長，繼續收拾他們就行了。

　　就像那個部務，她後來被調離了工作崗位，再沒機會貪錢了；而那個包庇她的主管，現在也已經從那個報社滾蛋了。

　　而我還在這裡得意地笑。

是肥肉還是砒霜
——關於該不該拿回扣

> 找一個願意付你高薪的老闆，
> 比找一個願意付你錢的回扣管道，安全多了。

關於錢的糾結，很多職場中人都無法迴避。前些天一個讀者發來私信，問到一個敏感而尖銳的問題：「我該不該拿回扣？」

這個讀者在某家大公司管道部門工作，但是薪水不高。而管道上各種各樣的回扣擺在面前，「說實話，真的心動了。」

但是他也說出了他的糾結：「我潛意識裡知道這樣做是不對的，但是再這樣下去，恐怕是真的堅持不住了，萬事起頭難，真的不想起這個壞頭……」

「回扣」，真是誘惑又迷幻的兩個字，誘惑是因為它就是真金白銀，而迷幻，因為真的不知道它會帶給你什麼。

這裡面有太多的玄虛和故事了，包括給這個讀者的答案。

1

之前的文章裡我已經寫過了，我並不是一開始就在商業領域工作的，最早是從媒體進入職場的。

和商業公司相比，媒體並不是有很多金錢收入的地方，更何況二十年前年輕的我們，多半是因為心裡的新聞理想而選擇了那份工作，並不太在意錢。

但你不在意錢，並不意味著別人不在意。

我第一次意識到這種差別是一次出差採訪。

報社那時候對出差的財務管理制度很嚴格，每個記者出差的費用都有上限，比如一些地區住宿費不能超過200元，每天餐費不能超過50元，市內交通全天限額50元，如果超過了只能自己負擔。

這個費用標準在一些經濟不發達地區勉強還可以，一旦到了上海、廣州、深圳這種經濟發達地區就不行了。

那時候我們出差都是訂很便宜的快捷酒店，去路邊的快餐廳解決吃飯問題，就算這樣也經常得自己掏一部分腰包，每當這時大家就會自我打趣：這次又虧本了。

有一次我去南方某個大城市出差，飛機上遇上了一個同事。

這個同事在當時的報社被譽為「能人」，不僅稿子寫得好，頭腦也靈活，比我們大不了幾歲卻已經成了某個專刊的負責人，在單位從來就是呼嘯著來、呼嘯著去，非常氣派。

到了目的地後，我正琢磨著坐機場大巴去市區，他卻已經坐上了一輛來接他的專車。

他邀我一起，我是頭一回碰到採訪有人接機。當時我做的是深度報導和調查新聞，基本都是負面報導，絕大多數採訪對象對我避之唯恐不及，從來沒有過這樣的待遇，所以印象很深刻。後來才知道，那是他的一個採訪對象派的車。

那次出差回北京後的某一天，我忽然接到這位同事的電話，邀請我為某個品牌寫一個系列報導中的一篇。那時候我年輕又率性，聽了一下覺得完全不感興趣，就直接拒絕了。後來就聽有人說，他覺得我「書生意氣」。

再後來他和我就沒什麼聯繫了，我們在看似相仿實則不同的兩條路上越走越遠。

雖然都是寫字，但我心裡除了寫字之外並沒有其他，過得普普通通；而他負責的是當時報社效益最好的專刊之一，據說每年都有一定比例的廣告是他拉回來的，風頭一時無兩。

2

在傳統媒體工作了11年後，我終於選擇了離開，來到商業公司工作。

離開的緣由之一當然有薪水不高的原因。人到了一定年紀，家庭和生活的多面性會讓你逐漸褪去原先的理想化，最大的變化就是我開始考慮收入的事了。

在商業公司裡工作，首先面臨的就是商業利益對原有觀念的

衝擊，這種商業利益一部分是合法的，另外一部分是灰色的。在中國，這樣的事情其實很多，就算是我，在剛剛開始那段時間也有些暈頭轉向。

就在這時發生了一件讓我非常震驚的事：那個前同事「出事了」。

據說是上級紀檢部門接到舉報，查出他在負責專刊的過程中有大量接受品牌方和合作方商業回扣、謀取不當得利的行為；有關部門調查了一段時間後，在眾目睽睽之下把他帶走了，後來因為查實的數額巨大，他在大半年後被判了重刑。

那時候，他的孩子剛剛出生沒多久。到現在已經好多年過去了，他還在監獄裡沒有出來。

這樣的例子並不是我周圍唯一的。

在公司工作了沒多久，一次專案合作中認識了合作方的一位女士，當時大概不過三十出頭的年紀，漂亮能幹，業務能力很強，情商也高，我們合作得非常愉快。據說她做了很多業內有名的項目，無往而不利，是合作方團隊的「女神」，很多年輕人都以她為榜樣。

項目合作到尾聲的時候，這位女士忽然消失了。我們都覺得有點奇怪，後來一打聽，才知道她也「進去了」，原因是在之前的多個專案中接受管道商的回扣，總金額差不多到了八位數。後來東窗事發，雖然家人拚命退款，但她還是差一點就被判了無期徒刑。

這件事情出來後，我們不由得感慨了一番，因為她在之前的合作中留給人的印象實在太好，大家都想不到她會做出這樣的

事。

後來有個同事冷不防說了一句：

如果換作你，坐在她那個位置，每天面對那麼多想把你供起來的合作方，你能控制住嗎？你能控制得了一次，但每次都能控制得了自己嗎？

這話一下把所有人都問啞巴了。金錢的誘惑實在太大，也真的不是每個人都能抵擋那種誘惑。

3

講完上面兩個親身經歷的例子，再說到「回扣」問題。以下幾個問題不知道大家會給出什麼樣的答案？

1. 薪水少是不是可以收回扣的理由？
2. 別人收回扣是不是你也可以收回扣？
3. 究竟有沒有安全的、不出問題的收回扣方式？

對於很多朋友來說，這三個問題都有一定的迷惑性。就像那個給我發私信的小夥子，他說自己對回扣動心的前提就是「薪水實在太低」。

那麼，薪水少是不是可以收回扣的理由？

答案當然是否定的。我們在給一些問題尋求答案的時候，一

定要避免「替代陷阱」。

　　所謂「替代陷阱」，就是用似是而非的理由替代問題的答案。薪水低就可以收回扣，這其實就是一個特別硬的「替代陷阱」。

　　薪水是什麼？是你工作的報酬，它的多少和你工作的年限、經驗、能力有關，也跟你工作的品質、數量甚至人脈相關。

　　如果你的薪水少，很大程度上說明你的前述某個硬性條件有所欠缺。

　　當然也會有懷才不遇的情況，但在現今這個社會，那種情況真是太少了。而一個人的硬性條件有欠缺，卻成了收回扣的理由，這個邏輯是不是有點問題？

　　解決了第一個問題，再來看第二個：

　　別人收回扣是不是你也可以收回扣？

　　雖然我當時的工作都屬於乙方公司，大多數情況下是屬於給別人送回扣的，但有問題總是希望能夠得到解答，所以有一次我專門請教了一位業界大老。

　　這位大老很有趣，縱橫領域多年，達觀睿智。那次我開門見山地問他：「如果周圍人都收回扣，是不是意味著我也可以收回扣？」

　　他笑咪咪看了我一眼，然後輕巧地回了一句：

　　那別人如果因為收回扣去坐了牢，是不是意味著你也願意因

為這個原因去坐牢？

　　這話一下把我問住了。

　　但是那一刻我並沒有被說服，還在嘟囔：「可那麼多拿回扣的人，去坐牢的還是少數啊……」我想，這應該也是一個潛藏在很多人心裡的「暗黑問題」吧？

4

　　對我的反問，那位前輩並不意外：「對，拿回扣去坐牢的人的確是少數，問題是……」他看了我一眼，「你敢不敢賭，自己就絕對不會是那少數人？」

　　我一下愣了：「這個……怎麼敢賭？」

　　「所以啊，」他說，「別人拿不拿回扣，其實同樣不是你應不應該拿的理由或者藉口，但是你能不能承擔拿回扣有可能帶來的後果可以做一個反向衡量，如果你可以承擔，那你儘管伸手；如果你承擔不了，那趁早別幹。」

　　我想了想，冷不防問了他一個一直想問而沒敢問的問題：「那您是不是從來沒有拿過回扣？」

　　大老不愧是大老，眼睛笑得像彎月一樣：「關於回扣嘛，我一般都是兩種處理方式……」我一下豎起了耳朵，只聽他說：

　　「第一種，要求足夠高的薪水，高到你可以根本不在意那點回扣。」

　　如果固定薪水達不到那麼高，那就用第二種方法，把一部分

回報和你的業績綁定，透過協定或合同的方式和你的老闆或者資方確定下來，這其實就是把不合法的回扣變成了合法的激勵收入。」

「那……如果做不到或者老闆不同意呢？」我傻乎乎地問。

「如果做不到，那就是你能力達不到，是你自己的問題，怪不得別人。如果你可以做到而老闆不願意，就是他摳門，那你大可以換個老闆。」

前輩輕描淡寫地說：

「其實很多問題都有不止一種解決方式，特別是在錢這個問題上，只可惜大部分人眼睛裡只看到了錢，而不去想還有沒有別的答案。」

那天的談話讓我茅塞頓開，並因此解決了盤桓在我心裡很久的關於「該不該拿回扣」的問題，甚至可以說，那次談話直接影響了我後面的職業生涯。

這個影響就是：在「回扣」這條路上，嘗試著去尋找「其他的答案」。

5

比如要求更高的收入。

在後來我的若干次工作變動中，每當碰到談薪水的時候，我都不怎麼客氣。因為我太知道自己對工作的認真和投入程度，又不願意在類似回扣這種灰色收入問題上浪費太多時間。如果老闆不接受，那咱們就拜拜。

我始終記得那位大老說的話：

找一個願意付你高薪的老闆，比找一個願意付你錢的回扣管道，安全多了。

再後來，工作難度上升到新的層次，特別是達到無法用固定薪水來體現的情況時，我用上了大老說的第二種方法：

業績和回報的綁定協議。

這個方法也很好用，雖然中間有過一些需要注意的地方，但通常情況下還是很有效的，既不會讓你為付出和收入不成比例糾結，也不會讓你擔心觸犯法律的問題。

而且你還會發現，當你可以不用在意「回扣」這種問題的時候，工作起來有多舒服和自在，該說什麼說什麼，該做什麼做什麼，不用刻意逢迎，也不用絞盡腦汁，更不會因為一些灰色理由影響你的判斷和認知，而被你拒絕之後對方也不會有什麼其他的看法。

換一句簡單的解釋：賺該賺的錢，心裡踏實比什麼都重要。

這就是第三個問題的答案：

當然有安全的「收回扣」的方式，那就是把你自己提升到可以靠合法收入碾軋灰色回扣的級別，就等於把「灰色」放到陽光中了。

如果你覺得自己做不到，那是你的能力或者努力的問題，而不是商業領域不允許。從這一點上說，與其努力想各種辦法去賺回扣，真不如想辦法提升你自己，把灰色收入變成白色的。

　　大部分因為「該不該拿回扣」這個問題糾結的人，其實多少都存在能力不夠、努力不足卻又希望獲得更高收入的情況。一旦能力夠了、努力的功夫也下足了，很多問題就會迎刃而解。

　　所以，要嘛爭取做一個超越這個階段的人，要嘛去面對更高的風險和可能的牢獄之災。事情就是這麼簡單，並不十全十美，但至少給了你選擇的可能。

　　這並不是回扣的問題，而是你對自我認知的問題。

別只看到人家的
七位數報酬

> 這個世界很大，我需要好好去品味，
> 但是在此之前，我先要活下去。

　　那天在一所大學做活動，快結束的時候，一個中文系的學生忽然問我：「老師，我也特別喜歡寫文章，也寫了不少，但是我特別怕以後靠這個養不活自己……」

　　我說：「如果你是真的喜歡，那就先找個其他的工作，慢慢地磨練，等寫作水準提高了，這個問題自然就解決了。」

　　他想想卻說：「但是我不想做其他工作，只想寫字。」我說：「那也可以，你可以多接一點活，多寫一些字，這樣也能多賺一些錢。」

　　他有些鬱悶地說：「可是那樣會很辛苦，時間也會被佔去不少。」

　　我說：「時間、精力、金錢，有時候常常只能節省一個。任何一個工作，只要是剛起步階段，要想賺很多錢都並不容易。如果你真的不滿意，可以去做其他賺錢多一些的工作。」

他嘟囔著說：「可是我只會寫東西，不會拍馬屁，不會鑽營，要跳槽的話也沒有特長，不知道能做什麼……」

他說完這個話我徹底明白了，扭臉問他：「你是不是覺得只會寫字是件特別不值一提的事啊？」

他沒說話，但也沒否認。

這個場景讓我想起很多年以前，我和一些同行差不多同一時間開始在網上寫東西，寫了一段時間，他們就放棄了。原因不外乎一是發在網上沒什麼人看，二是也沒有任何收益。既不能出名，又不能獲利，寫字這件事的性價比實在是不怎麼高。

我則一直堅持到現在，當時很多人覺得不理解，因為平常工作就已經很忙了，居然每天還寫那麼多字。他們說：「你做這件事究竟是圖什麼呢？」

現在想起來，那些自我的否定和外界的否定真是同等現實和刺耳。

1

不可否認，大部分人會用賺不賺錢作為一件事值不值得做的評判標準。

對於大多數普通人來說，愛好和賺錢這兩件事如果天生犯沖，那簡直是一場災難。不幸的是，寫字和賺錢就是這樣一對冤家。

當然也有天賦異稟一鳴驚人的，但並不屬於大多數普通人。

在大學畢業找工作之前，我已經發表過很多文章，得過一些獎，賺過一點點稿費。即便是這樣，在大概盤算了一下未來在北京的吃穿住行之後，我還是掉頭找了一份其他的工作。

這個世界很大，我需要好好去品味，但是在此之前，我先要活下去。

從那時起，寫作就徹底變成了一個「愛好」。每次出差回來累得跟狗一樣時，打開電腦敲字就成了我對自己最好的按摩和放鬆。

之後的十幾年，換了兩三次工作，在不同領域，壓力都很大，唯一能讓我保持精神放鬆的，只有寫字這件事——它是我對精神的自我放空。

從2001年的論壇，到2004年的博客，再到2009年的微博，然後到2012年的微信公眾號……這十多年來，文字的載體一變再變，第一件不變的事是我一直都在寫。

而第二件不變的事，是它真的沒有給我帶來什麼收入。

我在網上前後寫了十多年，寫了幾百萬字，沒賺到過一分錢。廣告就別提了，誰會在一個沒有名氣的人身上下廣告？

後來終於有打賞了，卻也寥寥無幾，算下來每個月充其量也只有1000元。

每月1000元，好可憐。

2

賺不到錢，如果能賺到名似乎也不錯，可是在過去的十多年中，這條路也被堵死了。

我曾經把自己發在網上的文章精心整理出來，然後四處聯繫出版社，希望能給自己留下一些記憶。出版社的編輯們起初還表現出一定的興趣，但是當他們知道我的文章已經在網上發表過之後，態度就發生了微妙的變化：

寫得倒真挺好的，不過你都已經發在網上了，誰都能看見，那出了書誰還會再買呢？

「啪啪啪」，我那知識分子的小臉蛋真的有點疼。

其實外面的名不要也罷，問題是有些時候形勢會逼著你「學乖一點」，因為並不是每個人都能理解，這個世界上居然有人把費腦費心的「寫字」當作精神按摩。

比如我的某位前老闆——一位很成功的富豪，就曾很不以為然地說：「你還有工夫在網上寫文章？說明你的工作量還不夠多！」

她並不記得，當初我決定去她那裡工作的很重要的一個原因就是面試時她曾經說過一句：「會寫文章的人都很有才，我喜歡和有才的人一起共事，以後你要是出了書，我買一百本來支持你。」

我們這種人就是這樣，很容易被一個小細節感動，以為那是

外界對自己的認同。

　　當我真的成為她團隊中的一員後，寫文章這件事卻讓她格外看不順眼，哪怕我都是在加班過後擠出一點時間寫作。

　　說完「你的工作量還不夠多」這話沒多久，她就真的給我安排了一大堆莫名其妙的工作，氣得我忍不住想打人。

　　相比賺不到錢而言，這種得不到尊重的感覺應該更難受。

　　而比別人的否定更有殺傷力的，是自己對它的否定。

　　我曾經有個哥兒們，當年是我們年級有名的才子，才華出眾，寫得一手好文章，很讓包括我在內的人羨慕——祖師爺賞飯吃這件事，真的不是每個人都有的。

　　但是畢業工作後不到兩年，他就決定不寫了：「這麼寫要寫到什麼時候才能出人頭地？有才華的人那麼多，我還是去幹點容易的事情吧。」

　　他放棄了寫字，進了一家公司。十多年後我們再見面，他卻慨嘆：「現在想寫也寫不出來了。」

　　時間就像一條滿是細沙的河流，如果你不向前走，它就會把你慢慢磨碎，包括當初看似璀璨的才華。

3

　　到了2016年，我依然在寫字這件「既不賺錢也不賺名」的事情上堅持著。

　　此時距離我第一次在網上寫文章已經過去了17年，距離我

的名字第一次變成鉛字已有27年，距離我第一次向報社投稿則已整整過去了31年。

這麼多年裡，寫字一直都給予我最多的精神撫慰，特別是在成年後那些進退維谷、前途渺茫的時刻，它都默默地陪伴著我，從來不因為我的際遇離我而去。

僅此而已。

2016年夏天，一個偶然的機會，我在微博上開通了付費閱讀。就算這樣我也沒把它太當回事：免費文章那麼多，要收費了，誰會來看呢？

第一篇文章發出去後，我就漫不經心地去吃飯了。吃完飯回來一看，傻眼了，一堆訂閱提示，不僅有單篇的、包月的、包季的，還有花了幾百元包年的……

第一篇文章一共33人購買，訂閱收入1300多元。

四天之後我發了第三篇文章，剛發出去訂閱人數就超過200人，收入達到了五位數——這個數字大大出乎了我的意料，在微博付費閱讀非財經、股票、彩票類文章中也名列前茅。

微博方面問我：這個數字可以公布出來嗎？他們說，出於種種原因，很多寫作者都不願意公布收入情況。

我想了想，同意了：靠勞動光明正大堂堂正正賺的錢，有什麼不能公布的？

我寫了一段話：

在很多人眼裡，賺錢是一件痛苦的事，需要鑽營、不擇手段，而讀書寫字則讓人清貧。我只是想試一下，在現今這個時

代，認真寫字還有沒有讓自己踏實的未來。事實證明，是有的。

結果朋友圈先「炸」了，連之前一直對我在網上寫文這事兒不以為然的同行都很吃驚。

微博公布訂閱資料後則有人說：

能讓寫作者靠寫字體體面面地賺錢，是社會的進步。

微博官方轉發時加了一句：

只要認真地堅持做好一件事，就能體體面面地把錢賺了。

深以為然。

4

到現在，我從微博付費閱讀上收穫了超過10萬人次的付費讀者，獲得的訂閱收入早已超過了七位數。除此之外，我還賣出了不止一份影視版權和有聲版權……

從2017年開始，我就成了一個可以靠寫作養活自己、養活團隊的職業寫作者。

這一切，都是我之前從來沒有想過的事。

對我來說，其實變化並不大，我還是每天看書、採訪、寫字，唯一算得上變化的，是終於可以不用去看別人的臉色了。

　　包括那位曾經很看不上我寫字的前老闆,有一次無意中在一個活動上碰見,她熱情洋溢地打了招呼後提議說:「能幫咱們公司寫本書嗎?」

　　我笑咪咪地回覆她:「沒問題,不過讓我寫書的價錢,不!便!宜!」

　　她可能是隨口一說,但我不是。

　　發生變化的還有周圍的一些熟人,他們曾經對我寫字很不以為然:「單純靠寫字,真的能賺七位數的收入?」

　　我說:「在這個行業,七位數其實並不多。如果你只能看到那七位數,那你怎麼寫估計都挺難的。如果你心無旁騖地一直堅持寫下去,別說七位數了,更多的機會都會找來。」

　　他們似乎沒聽懂我在說什麼,轉而點開看了一下我文章的訂閱價格,然後說:「天,這也太貴了吧!」

　　我撇嘴:「如果你都看不上自己的文章,它當然沒價值。如果你付出了心血和精力,自然就不會看不上自己寫的東西,再說,決定你的文章是否有價值的,並不是作者自己,而是讀者。」

　　他們卻說:「像你這樣能折騰的有幾個啊,我們都是普通人。」

　　我在心裡暗暗嘆了一口氣。

　　我才真正是一步一腳印往前走的普通人,而你們……只知道羨慕別人然後抱怨卻又不付諸行動。

你可以平凡、愚鈍、懶惰，只要你認命。怕的是你平凡、愚鈍、懶惰，卻不認命。

真的，最看不上寫字、看不上自己專業的，其實常常是寫字的人自己吧。很多人覺得，寫字誰不會啊，那麼簡單。但這個世上不就是越簡單的事情越難做好嗎？

手裡掌握著最大的能力，卻哀嘆生活不厚待自己，這樣的人並不少。所以真的別只看到那誘人的一百萬，對我來說它真的是天上掉下來的，最關鍵的問題還是：

對喜歡的事或者專業，你認真做了嗎？有沒有用心？有沒有堅持下來？

那些輕易放棄又時常抱怨的人，就算天上掉下一個大禮，也沒那本事接得住。

文字的才華、出奇的想法、亮麗的文筆，其實很多人都有，但認真、用心以及面對困境時不為所動的堅持，真不是誰都有的。

只有你足夠有錢，
才配擁有「肆無忌憚」的善良

> 每當有人把「借不借錢」和「善良」掛鉤的時候，
> 我就忍不住想衝上去將對方撕個稀巴爛。

「她是我最好的朋友，前些天突然跟我借 15 萬元，說是她老公在外面欠了大筆賭債，債主找上門來，她也沒有辦法，只好找身邊的人借。」

發來求助私信的是讀者小 A：「當時我猶豫了一下，一是這筆錢的確數目不小，二是我的小店生意因為疫情也很難，三是借錢還賭債總讓人覺得有點……」

「然後呢？」我問。

「再跟她聯繫的時候，她已經把我封鎖了。」小 A 很鬱悶地說，「我是不是做錯了什麼？」

1

這已經不知道是第幾次遇上「好友向我借錢，談錢傷感情，談感情傷錢」的戲碼了。

不知道別人是什麼情況，反正我有過不止一次類似經歷——很多年前剛剛工作沒幾個月時，一個關係還不錯的朋友來借錢，金額大概是當時我月收入的兩倍吧，問他具體是什麼原因借錢，他也不明說，只是說借錢。

那時候人年輕，面子也薄，雖然剛工作，但還是借了。結果到了約定的還款日，已經聯繫不到這個朋友了，打電話不接，發簡訊不回，跟消失了一樣。

再打聽，才知道他跟周圍好多朋友借了錢，總金額大概有八九萬吧。注意，是20年前的八九萬——至於原因嘛，也是因為在外面欠了錢。

因為怎麼也找不到他，大家決定報警，結果這時候有人說：「為這些錢報警，他多半會坐牢，這樣做……是不是顯得有些不太善良？」

那時候人真的很年輕，如果說別的可能還會有所爭執，但說到「不太善良」這事，很多人就猶豫了，結果就沒有報案。

再過了兩年，那哥兒們忽然出現了，此時的他已經在北京買了兩間房。當年那八九萬塊錢交兩套房子的首付綽綽有餘——有人找他要錢，他態度特別好地說，他每個月還要還多少貸款，根本無力把錢還給大家。

可他居然在北京買了兩間房！

　　還有一次就更逗了，我曾經在微博裡也寫過，也是一個朋友很多年前借了一筆錢，具體什麼原因忘了，說好一年後還，結果一年後他就不搭理我了。後來發現他還跑去國外旅遊，各種爽。那時候我也年輕，做事比較猛，直接殺到他公司逼著他把錢還了。

　　最後他不情不願地把錢還了，卻說我：「你至於嗎？你缺這點錢嗎？」

　　聽聽，這是什麼虎狼之詞？

　　所以每當有人把「借不借錢」和「善良」掛鉤的時候，我就忍不住想衝上去將對方撕個稀巴爛。

　　放在小Ａ這件事上同樣如此。

2

　　在借錢這件事上，之所以總會產生這樣那樣的問題，是因為很多人其實沒什麼「界限感」。所謂界限，是指有些事明顯越界，最好別幹；如果做了，那就要做最壞的打算。

　　這種「越界」尤其以下面兩種表現最為不堪：

一、關係越界。

　　明明關係沒有那麼近，至少沒有近到可以借錢的地步，卻越過這個界限開了口，這叫「關係越界」。

二、數目越界。

可能你們的關係已經近到可以借錢，但是你借的數目已經超過了對方可接受或者可承受的範圍，這叫「數目越界」。

讀者小Ａ和那個朋友之間顯然已經到了可以借錢的地步，問題出在「數目越界」上。

無論是關係越界還是數目越界，都會帶來很尷尬的結果：

借了，經常碰上對方不還的情況，比如我自己前面兩次親身經歷，弄得朋友肯定做不成了，最後錢也有可能根本拿不回來。

不借，可能會傷害彼此的關係，讓大家朋友都做不成，更要命的是，你還可能因此揹上沉重的心理負擔。

就像這個發來求助的讀者小Ａ一樣——因為15萬不是個小數目，她自己的生意在疫情期間也大受影響，再加上是還賭債的關係，她猶豫是很正常的。

猶豫之後，她決定借給朋友5萬，並且做好了對方不還的心理準備。從這個細節我們可以判斷，在小Ａ的心目中，好朋友借錢的心理閾值就是5萬，超過這個閾值都會有所猶豫。

如果她朋友當時管她借的金額小於這個心理閾值，那小Ａ估計會毫不猶豫地出借。

這裡必須說明的是，不同的人因為職業、收入、教育背景、生活和成長經歷不同，在財務出借上預設的心理閾值也多有不同，有些人高，比如10萬也能接受，有些人低，超過100元就不行。

3

　　真正讓小Ａ心裡彆扭的是她明確了這個心理閾值，並且準備做出回應後發現被朋友封鎖時的落差。不得不說的是，她的這種落差其實源自二人之間已經越來越明顯的差別。

　　她在求助中說，她和這個朋友曾經一起經歷過很艱難的時刻，後來隨著兩人結婚生子交往少了，但還經常聯繫，從這些表述中應該能夠看出：

　　1. 隨著生活的變化，她們兩個人其實早已經走上了不同的道路：她在開小店努力經營生活，而她朋友在為丈夫借錢還賭債奔忙。

　　2. 兩個人面對困難時的應對也已經明顯不同：她還可以冷靜思考，而她朋友已經「不得不做」一些外人看來明顯不合適的事。

　　3. 面對結果兩人的態度也已不同：她思考過後選擇「5萬」這個可以接受的結果，而她朋友連結果都沒等到就把她封鎖了。

　　⋯⋯

　　雖然小Ａ嘴上還認為她們兩人是最好的朋友，事實上她們兩人早已經處在完全不同的人生軌道上，包括對事情的看法、對問題的應對以及對結果的接受。

　　這並不是一個很容易接受的結果，但它是事實。

　　在我們的腦海中，曾經出現過很多個「我要一輩子跟這個人

好下去」的瞬間，每個這樣的瞬間都挺感人的，可面對現實的時候這種感動就跟紙糊的燈籠一樣，根本經不起幾下折騰就亂七八糟了。

而小Ａ放不下的，不過是舊時記憶的「屍體」而已。

記憶的屍體總是代表著美好，卻已經回天乏術。

僅僅如此並不能完全解釋小Ａ心裡複雜的感覺，真正讓她無法釋懷的其實是那種似有似無的「歉疚感」。即便對方提出的要求並不合適，可當她發現自己被封鎖的那一刻，也還是會產生這種感覺。

就像當初我們上當受騙準備報警，卻因為有人一句「這樣做是否不太善良」而有所猶豫一樣：明明自己理直氣壯，卻被某種東西束縛，尤其是當我們面臨「不善良」的指責時。

4

善良多少錢一斤？

當年我們那幫被那個所謂朋友借走八九萬塊錢的人，有幾個當時還沒正經工作，手頭也很拮据。那人借錢不還遁走之後，當初好心借錢的人反而陷入困境，在那種情況下沒人考慮他們的感受；可當他們說要報警時，有人卻說：

為錢這樣做是不是太不善良了？

那時候我年輕，歷事不多，並不太能分辨其中的關鍵，甚至

當聽到這樣的話時自己也產生了退縮。

是啊，誰願意自己揹上一個「不善良」的標籤呢？

過了兩年，那人重新出現，用那筆錢繳了兩間房子的頭期款，並且不管怎樣都拒不還錢的時候，我們這些自詡善良的人心裡的滋味就別提了。

說句政治不正確的話，他不仁不義卻買了兩間房子，我們婦人之仁還被他嘲笑。如果善良換來的就是這樣的結果，那還是先讓善良靠邊站吧，然後我就體會到了「甩開善良的快感」。

比如那次我衝到那個不還錢卻跑到國外旅遊的朋友的公司，逼著他從提款機裡取錢還我的時候，雖然他的話還是很讓人生氣，但是看到失而復得的錢時，那點不愉快頓時就煙消雲散了。

沒錯，跟真心實意讓你快樂的錢相比，那些虛頭巴腦的「善良」才最讓人深惡痛絕！

再後來，我才意識到這其實就是一種道德綁架——以「善良」為名義。你見識得越多，心裡對這種綁架就越深惡痛絕，可在涉世未深的年輕時代，你其實很難拋開面子。

從這個角度說，小A之所以心裡覺得難過，很大程度上也是因為揹上了「害怕自己沒幫上朋友，而被別人認為不善良」的包袱。

可她沒有想到，只要有了這個包袱，多半就會付出代價：要嘛是金錢的損失，要嘛是關係的損毀，而這些原本應該是對方先考慮到的，畢竟需要求助的是對方而不是她，最後先揹上包袱的卻是她。

5

　　有人說，我就是怕別人說自己不善良，或者就是覺得自己過不了自己心裡這道坎。不管說是婦人之仁也好，還是聖母心也罷，這樣的人真的有，就連你我可能都會在某一個特定時刻有這樣的想法，那該怎麼辦？

　　只有一個解決辦法：提升我們的心理閾值。問題是，任何跟錢有關的心理閾值其實都和我們的實際物質承受力緊密相關。如果你意識不到這一點，再次遇到這樣的問題還是會覺得無比煩惱。

　　真正的答案只有一個：變成一個更有錢的人，否則你不配擁有你想要的那種毫不猶豫、想幫就幫的善良。

　　真的，有句古話叫「倉廩實而知禮節」，意思是只有你家倉庫堆滿了糧食，不用擔心吃不飽穿不暖，你才會在待人接物上有禮節，才會保持做人起碼的體面。

　　如果你窮得叮噹響，吃了上頓沒下頓，為了活下去可能會做出很多不要臉的事情，就更不用說什麼體面了。

　　人都有求善心理，這並沒有錯，可是如果你的力量不夠強大，別說幫助別人了，可能連自己的體面都顧不上。

　　小A自己就是這樣，她自己生意因為疫情影響，日子已經很不好過，能夠拿出5萬幫助朋友已經非常難得，現在卻因為被對方直接封鎖揹上了不必要的心理包袱，顯然就是這種「求善」心理在作祟。

　　如果根本沒有那種力量，卻追求所謂善良，那極有可能的結

果是把自己帶到了溝裡。不僅不智，更是一種不負責任。

　　如果這種「善良」的質疑來自外人，那就完全是一種道德綁架。

　　當你聽到「既然是你最好的朋友，不借是不是不太善良」這種話，請一定回一句：「如果你足夠善良，就算不是你最好的朋友，也請你借。」

　　歸根結柢還是要提升自己的實力，不管是經濟實力還是精神實力。前者可以讓你有足夠的能力免去很多思忖再三的糾結，後者則可以讓你迅速從這種糾結中走出來。

　　所以儘量讓自己更有錢一點吧，這樣你才能離不用糾結的善良更近一步。

第五章

讓時間幫你賺更多的錢

收入穩定也未必能
高枕無憂

> 我們所有生活的考驗真的不是來自穩定時期的一馬平川，
> 而是來自跌宕時刻的高低起伏。

　　因為 2020 年初的這場新冠疫情，我在家裡生活、辦公一度超過四個月。

　　工作二十多年來，還是第一次碰到這種情況，哪怕 2003 年的 SARS 都沒有這次的影響這麼大。

　　前幾天一個朋友很鬱悶：因為將近一個多月沒有正常開工，他所在的公司業務受到很大影響，現在只拿著基礎薪資的七成，但是房貸、車貸、一家老小的生活開銷等一樣都不能少。

　　「以前我一直覺得穩定是最重要的，所以對生活和工作一切都以穩為上，但現在不知道為什麼自己有點慌。」

　　之所以會覺得慌，是因為忽然發現「穩定」居然也會不堪一擊。

1

2020年2月2號是團隊原定復工的第一天，那天感覺並不算太美好。一個節前已經板上釘釘、簽好合同收到預付款的項目，被迫取消。

這已經不是最近這段時間第一次發生這樣的事。因為這場疫情，我們取消了一部電影、兩部電視劇，還有若干場商業活動的簽約，不僅合同因為不可抗力被迫作廢，連已經到帳的預付款都必須原路全額退還給合作方。

一些線下已經開始準備的專案，這部分損失只能自己承擔。

這種情況不只一個行業、一家公司遇上了，唯一的區別可能在於在我們這個行業，變化從來都是不變的主題，哪怕不是因為疫情，也常常因為其他一些突然冒出來的事情影響整個計畫，所以我們已經習慣了，並沒有那麼慌。

可對於絕大多數行業和絕大多數朋友來說，這樣的變化足以直接打亂很多生活和工作的安排。

除了文章開頭那個朋友，還有一個在廣州開協力廠商服務公司的朋友，原來業務開展得非常順利，每一年收入也還不錯。如果非要給這個工作找一點不滿意的話，那就是他公司的業務基本上是依靠別人獲得的。

如果服務對象業務進展一切順利，他的公司業務就會繁忙；如果別人業務進展不順利，他的公司業務也會受到影響。

我曾經建議他，可能需要在此之外考慮另外一個獲利的模式，不能把所有的營收壓力放在一條業務線上。

　　他也覺得有道理，大概在兩年前開始了嘗試。說實話，要新開闢一條業務線談何容易，折騰來折騰去總是投入的多，見效的少，努力了大半年之後他放棄了，還是老老實實做他的協力廠商服務。

　　「別的不說，至少它是穩定的。」

　　天不遂人願，2019年因為經濟增速變慢，他公司的業務萎縮了一半左右。本來想2020年好好幹一年，沒想到又碰上這場疫情，公司到現在都沒有正常營業，之前的所有業務都停止了，他原來認為特別穩定的收入突然沒了。再加上房租、人事費以及其他成本，已經虧損了一大筆，他頓時有些慌了。

　　他說這個時候才有些後悔，如果當初不是那麼輕易就停止了嘗試，堅持到現在的話，他的新業務應該已經有所進展了，至少不會陷入現在這種完全靠天吃飯的境況。

　　這說明一點，是否真正穩定常常不是在穩定環境下自測，而是能否經受住特殊情況下的考驗。

　　收入這件事同樣如此。

2

　　那麼對於一個普通人來講，該如何判斷自己的工作或者收入能否經得起這種特殊情況的考驗？有兩種方法：

　　第一，當你對透過目前的工作獲得穩定收入的情況很滿意時，請思考一個問題：

如果有一天這份收入沒有了，你是否能支撐自己的生活？

如果答案是否定的，說明你的收入還經不起極端情況的考驗。有時甚至不用像這次疫情那麼極端，只要有一些工作上的變化或者崗位上的變化，可能就會直接影響你的收入，進而影響你的生活。

第二，如果你現在擁有一份可以給自己帶來穩定收入的工作，那麼請思考另一個問題：

如果有一天你失去這份工作，是否能找到新的職業，可以繼續為自己提供穩定的收入來源？

如果答案還是否定的，那麼說明你的工作依然只是「穩定狀況下的穩定」，而不是全天候的穩定——所謂全天候的穩定，除了穩定狀況之外，同樣也要包括類似這次肺炎疫情的極端情況下，依然能夠給你提供足夠的收入支援。

這兩個答案都是否定的朋友，那麼你就要小心了：可能在很長的一段時間內你不會因為工作或者收入有太大的影響和波動，但是一旦出現這次這樣的特殊情況，你可能就會立即陷入困境。

即便不是SARS或者新冠肺炎，你依然可能遇到其他特殊情況。

3

其實，穩定是很多人在生活和工作當中的第一追求，這並沒有錯，那麼為什麼這一次我們會產生追求穩定是否正確這種疑惑呢？

答案很簡單：絕大多數人並沒有針對特殊情況的應對和準備。在收入和工作這條線上，大多數人會按部就班，很少會「腳踏兩條船」，為自己準備一個備胎。

對於絕大多數普通人來講，薪水收入一定是第一收入來源，但是僅靠它們，我們是否就足夠應付生活的所有考驗？可能並不是。如果你對此有所疑惑，想想今年的情況你就會發現，雖然疫情隔了17年才出現，但僅僅是一次就足以讓你傷筋動骨，那麼你是不是應該做些必要的防範？

在收入上的防範包括：

一、一定要有對未來開銷的留存，這其中包括現金流、投資理財以及後備金。

之前我曾經寫過一篇文章，專門說明普通人生活中現金流的重要性，希望大家盡可能把手裡的現金流提升到六位數以上。

現金流並不僅僅是生活開銷的支撐，同時也是一旦遇上極端情況或者工作生活不順的時候，有足夠的空間去騰挪。

比如若是家人的健康情況出了問題，在保險之外，我們必須有足夠的治療資金，說得更直接一點，這時候的現金流就是我們

保護家人的最大依靠。

二、不管你對現在滿不滿意，都要儘早開始投資理財。

如果你不提前對「學會用錢幫你賺錢」這個問題加以考慮，等到問題真的出現時，可能根本沒有機會從頭再來。

有趣的是，這場疫情之後，我在網上寫的所有跟投資理財相關的付費閱讀和訂閱量平均增長了三倍，而我的前一本書《遠離迷茫，從學會賺錢開始》的銷量也提升到平常的兩倍以上。

為什麼？

原因不外乎大家突然意識到，僅僅靠按部就班、循規蹈矩的薪水、存款難以應對未來生活中可能面臨的種種問題。

世上最難是人賺錢，世上最閒是錢生錢，人賺錢是常態，而錢生錢是少部分人才懂的道理，我們必須及早考慮生活中「錢生錢」的方法和思路。

這樣到了一定的時候，當錢生錢的力量逐漸壯大，它就會成為我們另一個重要的收入後備來源，也會給我們的生活帶來更多支援和依靠。

就像一個網友在我微博下留言說的，之前她是一個月光族，看了我的文章之後開始投資理財，堅持了好幾年。現在她在創業，她說，如果不是因為這幾年的理財讓她有了依靠，遇到疫情這種情況自己早慌了。

這就是我們經常說的「錢是人的膽」，你可以自己賺錢，同時不要忘了，你同樣可以讓「錢生錢」成為你的第二條賺錢的管

道。

三、現金很重要，永遠不要讓自己帳戶裡的錢沒有絲毫輾轉騰挪的餘地。

之前一再地說，我們一定要讓手裡有一些閒錢，我甚至專門寫文章解釋了什麼才是閒錢、閒錢能起到什麼樣的作用……這些並不僅僅是知識點，也是對生活未知的準備。

站在這條路上，我們必須回頭看一下自己的帳戶裡，有沒有這樣一筆可以留給未來的閒錢？

4

那天我媽問我，「遇上了這麼嚴重的疫情，我怎麼覺得你好像一點也不慌？」我說是不慌，因為我一直習慣性地提前做些準備，無論是在工作、生活還是收入上。

首先說工作，我始終堅持在工作之餘，給自己保留一份特長。

就像我以前在做影視策劃、藝人經紀工作時，我依然在寫字。萬一某條路走不通，另外一條路也可以給我帶來持續而穩定的收入。

其次，在自己賺錢的同時堅持理財。

這個理財真的不是說行情好的時候才理財，在行情不好、沒有賺錢效應、大盤持續下跌、投資出現虧損的時候我同樣也這麼

做，並沒有動搖。

因為我已經有過類似經歷，知道就算我們95%的時間內都是太平盛世，但總有5%的例外，我所做的這些準備並不是為了應對那95%，而是要足以扛住那5%的致命一擊。

在生活這條跑道上，大家從來都不是比誰跑得快，而是比誰跑得久。

再次，無論別人怎麼說，我都一定要堅持下去。

有很多朋友在某時某刻會覺得我說得沒錯，也會因為一些現實情況的觸動而做出相應的決定。隨著時間推移，重新進入那95%的穩定階段後，他們會很快就忘記了那些特殊時期。

結果好不容易可以為未來有所籌謀的機會窗口被關閉，一旦特殊情況再度發生，他們還有力量去面對嗎？就像現在很多人面臨的困難一樣。

5

其實說了這麼多，我最想說的還是居安思危、未雨綢繆。

我們所有生活的考驗真的不是來自穩定時期的一馬平川，而是來自跌宕時刻的高低起伏。

一馬平川時你能過得很好，並不意味著你在跌宕時就一定能夠安之若素；若你在跌宕起伏時都能夠扛下來，那麼一馬平川時自然不在話下。

當然疫情不會永遠持續下去，我們的生活、生產、工作遲早會慢慢恢復正常。既然經歷過這麼異常罕見的疫情，我們就應該

讓這份經歷變得有價值。

它應該讓人意識到，不能僅僅從安穩的角度考慮工作和生活，更不能因為我們處於平穩狀態而自動放棄對不平穩狀態的準備。

像這次疫情這種特殊情況不可能永遠充斥在生活中，即便如此，當我們生活中出現一些比它小得多的考驗時，也常常會讓人覺得難以招架。

那麼，我們就必須為應對這種考驗準備足夠的彈藥。

第一，我們要有足夠的經濟儲備。

第二，我們要有未雨綢繆的想法。

第三，要在事情沒有發生時儘早做嘗試。

現在想起來，我挺慶幸當年在那麼多人不理解的情況下，一次又一次做了關於工作、生活和理財的嘗試。中間經歷了很多困難，但是我都咬牙挺過來了。

事實證明，如果不是這樣，我可能不會有現在的狀態，也不會如此淡定地面對生活中接二連三的考驗。

我可以做到，大家也可以。

莫欺少年窮與莫怕少年窮

> 未來就像一條河，盡頭是一道壯觀的瀑布還是一片寬闊的海
> 洋，誰也不清楚。在年輕時，即使條件不如別人也不要氣
> 餒，因為年輕就是上天給你的最好資本，它就像一個百寶箱
> 一樣，會給你越來越多的驚喜。

可能是因為外部環境的變化，最近一段時間，讀者群裡聊天的內容一直沒有離開錢和收入。

群裡的讀者普遍年輕，很多都是剛出大學校門、沒有工作幾年的社會新鮮人。所以錢在他們心裡顯得格外重要，尤其是當他們需要面對生活的種種壓力時。

時間一長，我發現了兩個有趣的現象，第一個是：在一些人心中，會潛意識地覺得「沒有錢是一件羞恥的事」。

還有一個現象是：如果有些人覺得自己不如身邊的一些人條件好，他們就會下意識地想自己是不是有什麼問題，言談舉止中多少有些偏激或者氣餒。

人在年輕的時候，因為有錢或者沒錢產生下意識的判斷是一

件很正常的事，這種判斷是否偏離了它應該有的方向，那就是見仁見智了。

忍不住想講自己年輕時的一段經歷。

1

很多年以前，我剛上大學，認識了同寢室的一個同學，叫強。

全宿舍有八個人，都是四川、重慶地區的，大部分是城市子弟，只有強來自農村。

記得第一天報到的時候大家的行李都是裝在箱子裡的，只有強的行李塞在一個很簡陋的編織袋裡。他的衣著也非常樸素，甚至有些舊。

在20世紀90年代初的大學裡，大家的條件相差並沒有現在那麼大，但是來自城市和農村的差別還是顯而易見。這種差別不僅體現在生活上，也體現在學習上。

那個時候大學生的生活費遠比現在低，大部分同學的月生活費在兩三百元左右，但是強的生活費經常只有一百元出頭，就這已經讓他父母覺得壓力很大了。

強家在農村，父母都在家鄉務農，他還有一個妹妹在讀書，他所在的那個縣城即使是現在也依然是西南地區經濟相對落後的縣。

那時候強是我們宿舍最節省的一個人，他經常等到飯點的尾巴才去吃飯。那時候菜已經沒有太多了，但是師傅常會多打一

些，另外價格也會便宜一些。

　　剛從高中到了大學的我們，難免會像進了大觀園一樣，買一些新衣服新鞋子裝點門面，但是強從來不買那些。

　　他很喜歡踢球，穿的都是自己的綠色膠鞋。有時候，隊員們會很奇怪地問怎麼穿著膠鞋來踢球，很容易扭到腳，他也不做解釋。

　　時間長了，大家便知道強的家庭條件不好。

2

　　生活上的節儉並不能解決全部問題，當時我們讀的是一所外語學院，在那裡讀書，光是各種外語工具書和外文教材就要比一般專業多花很多錢。

　　比方說，我們有一門課需要用到一本專門的外版工具書，這本工具書的價格非常高，當時大概要花一百多塊錢。強因為太貴沒有買，所以每次寫那門課的作業時都是跟宿舍裡的同學借。

　　這其實並不是什麼大事兒，沒想到有一天那個同學不僅不願意借，還跟另一個家境不錯的同學一起，對強說了一些很難聽的話。強應該覺得很難堪，但也沒說什麼，後來再也不跟他們借教材了，轉而向外班的同學借。

　　都說大學是直面社會現實的第一課堂，現在想想這話真的很對。

　　首先就是原本親密的同學後來會分成三三兩兩的「小團隊」，不僅班級裡有，寢室裡也是。男生宿舍這種情況相對好一

些，但依然很明顯，我們宿舍那兩個家庭條件非常好的同學，對強從來都看不上。

有一次全班同學要一起出去玩，每個人需要繳40塊錢，強考慮來考慮去決定不去。我們宿舍裡只有他一個人不去，結果那兩個同學明裡暗裡說他沒有集體意識。

他哪裡是沒有集體意識，只是不想多花錢而已。到了大一的下學期，強就把他幾乎所有的閒置時間都用來打工，做家教，當服務員，只要能賺錢什麼都幹。

這樣一來，他的學習時間就受到了影響，到了大一結束，他的成績在全年級排名很靠後。這種情況又遭到了一些人的恥笑，說他資質不好，根本不是讀書的料。

3

當然並不是每個人都是這樣，至少我覺得那樣做不合適。

我的父親出身貧寒，在讀書求學的路上也曾經吃過很多苦頭，我從小聽他講過很多以前的故事，所以當我面對強的時候從來沒有別人那樣高高在上。

後來，我還因為這事跟那兩個同學發生過不愉快。

起因其實很簡單，強有一條很舊的牛仔褲，因為穿的時間太久破了一個洞。他自己拿出針線把那個洞縫補了一下，然後繼續穿。結果有一次那兩個同學在上課的時候，居然拿這事兒來取笑強，把他搞得非常尷尬。

當時我實在忍不住打抱不平：

　　人家不過就是穿一條補過的牛仔褲，有什麼好笑話的。你的衣服再光鮮，你家再有錢，也不是你自己賺的，都是你爸媽的，有本事拿你自己來跟人家比。

　　那兩個同學沒想到我會這麼說，一時不知道該怎麼回應，跟我說「關你什麼事兒」。我說：「那人家穿什麼關你們什麼事？你們能說別人，我為什麼又不能說你們？」

　　這其實是一件小事，我沒想到的是，那天晚上我回宿舍比較晚，本來以為沒有熱水用了，沒想到強給我留了一瓶。

　　後來我和強逐漸熟悉起來。其實我們倆性格還是有很大差別的，因為成長環境不同，在興趣愛好上面也有很大差別，但這並不妨礙我們成為朋友。

　　強是個簡單而善良的人，可能因為家境的關係，他迫切希望改變自己的境遇。有時候我們在一起聊天，說起未來的夢想，我說我的想法就是以後能做自己喜歡的事，而他的想法特別簡單，那就是多賺錢。

　　那時候他就在抓緊一切機會去賺錢。我覺得這也很正常，儘管每個人的起點不同、方向不同，但只要是自己想要的目標，那就沒問題。

4

　　強讀的是專科班，比我早畢業一年。那一年暑假，我們還在準備大四的八級考試，他就已經打包好行李離開了。他離開的時候，我們已經不住在同一間宿舍了，我甚至都想不起來我們有沒

有好好地道別。

又過了一年，我本科畢業，然後到北京繼續讀書。後來我留京工作，成了一名在全國各地四處採訪奔波的記者。

有一次我去上海出差，無意中和強重逢，那時候離我們畢業分別已經有差不多五年了。

這五年裡，強最開始是在企業裡打工，從最底層做起，一點點做上去，後來開始跟著別人創業。當我們重逢的時候，他已經創業兩年多，有了自己的進出口企業，開在上海很繁華的地方。

那段時間趕上中國入世成功的好光景，他所做的領域一片紅火，很快他就發達了。

他應該是我們班上第一個有房有車的人，同時應該也是我們班上第一個百萬富翁。

那時候的一百萬，聽起來簡直是個天文數字。

那次重逢，我們聊了很久，彼此都為對方的發展感到開心。

又過了一年，我們在北京又遇見了。強的生意做得更大了，工廠也增加了很多人，甚至有幾個昔日的同學也在他的企業裡打工，其中不乏以前曾經笑話過他的人。

我問他為什麼，他說人家剛來上海，大家好歹是同學，有個工作不至於無頭蒼蠅一樣亂撞。

強真是個挺善良的人。

其實我們倆之間的交往並不多，有些時候只是打個電話聊兩句，但我們之間的交往很純粹，像君子一樣淡如水，不摻雜任何利益。

這也讓他有些感觸。他說當他發達起來之後，很多昔日的同

學態度都變了，只有我跟以前一樣，一如既往，讓他印象很深。

5

那時候我們並沒有想到，後來我們的聯繫會完全中斷——2005年我丟了手機，沒了強的號碼，神奇的是，他居然也沒有再打過電話給我，我們倆就這麼失去了聯繫。

這一失聯就是十三年。

在這十三年當中，我很多次想強在幹什麼。我還記得我們最後一次見面是在上海，那時候他已經買下了一塊地，生意做得很大，蓋了自己的廠房，有很多工人。他還把父母和妹妹都接到了上海，一家人過得很好。

這十三年中我雖然還是在北京，但無論是工作和生活都發生了很大變化。我甚至離開了以為會從事一輩子的媒體行業，去到原來認為自己一輩子也不會去的企業裡工作。

人生的很多事情就是這樣，根本說不準。

到了2018年秋天，我的手機微信裡突然出現了一個好友請求，再一看居然是強。

我很驚喜——原來在我丟手機的同一時間，強也恰巧丟了手機，我倆就這樣失去了彼此的聯繫方式。如果不是後來大學同學建了微信群，我們還不知道要失聯到什麼時候。

即使這樣，這次恢復聯繫距離上一次已經間隔了十三年。沒多久他來北京出差，我們終於見了一面，才發現彼此已經變化了很多。大家都已經不再是剛踏出校門不久的青年面孔，都已經有

了中年人的樣貌。

6

我一直以為當時已經發展得那麼好的強，在過去的這些年裡事業和生活應該四平八穩，結果一問之下才發現根本不是。

強原來的進出口生意在2008年國際金融風暴到來的時候受到重創，不僅回吐了之前多年的利潤，還虧了很多錢。

他說最慘的時候銀行急著收回貸款，他被迫透過各種途徑借了很多錢，幾乎一夜回到原點。

我聽了之後很驚訝，問他當時欠了多少錢的債。他說了一個數，嚇了我一大跳，那個數字大概是我這種寫字的人一輩子也賺不到的。

如果是別人遇到這種情況，我並不知道是否還有東山再起的可能，但是在強身上我總覺得他可以，這真是一種很莫名其妙的信心。

強說山窮水盡時，他一咬牙去了國外。當時有個國外供應商欠了他一筆錢，他出國不僅是為了要債，也是為了看新的機會。

他在國外一待就是將近十年。

這十年當中他做過很多事，給別人打工，又開始自己做生意，慢慢地重新積累。花了整整十年，他終於度過了當年金融海嘯留給他的巨大債務危機，甚至回到了比以前更高的位置。

2018年3月，強重新回到中國，帶著在國外打拚的積蓄和資源，準備在國內重新開始，因為現在中國是世界上最大的市場，

他不可能忘掉這一點。

　　他說在過去十幾年中，也多次想過，不知道曾鵬宇這小子在幹什麼，有沒有像他說的那樣做自己喜歡的事，也不知道什麼時候才能重逢。

　　我聽了之後哈哈大笑，對啊，我們都覺得不知道什麼時候會再見。

7

　　再次相遇之後我們聊了很多，瞭解彼此這十幾年的變化，感覺大家已經變了很多，但是好像又沒有太大變化。

　　強說在他揹上了巨債、一切化為烏有的時候，當初很多得到他幫助的人都紛紛躲避，有些人甚至連跟他借的錢都不還，完全不顧及在他們最困難的時候是強給了他們棲身之地。

　　「他們大概以為，我一輩子都站不起來了。」強說。是的，從那麼高的地方摔下來，真的不是每個人都能重新爬起來。

　　當知道我後來居然也進了企業工作後，強一度非常驚訝：「我以為你會寫一輩子呢！」我告訴他：「是的，折騰了好些年後覺得，還是寫一輩子比較適合我。」

　　我和強兩個人彼此之間有很多不同，這麼多年裡走的路也不一樣，我們甚至對生活的認識和方向的把握也不一致，但很奇怪，彼此並沒有那種無法逾越的隔閡。

　　現在的強已經在新的領域前進了，就像我有了新的目標一樣。那天我們說起上學時的情景，他說那時候真的太窮了，因為

窮，他走了很多彎路；也因為窮，他收穫了很多。

「你那時候為什麼不像別人那樣看不起我？」

我說：

我為什麼要看不起你，只要你有手有腳，窮困不住任何勤快的人。再說有一句話叫莫欺少年窮，誰也不知道你未來會變成怎樣。

而站在強的角度，體現得更明顯的可能就是莫怕少年窮了。這甚至給了他更多的磨練。

他第二次白手起家的時候已經30多歲了，把以前走過的路幾乎重新走了一遍，把以前的艱苦重新經歷了一遍，也正因為如此才有了今天。

現在的強，應該是我們班上第一個億萬富翁了。

每當想起這二十年的過往，就覺得人生跌宕常常超出你的想像，無法用文字描繪殆盡。

在年輕的時候真的不要用錢去衡量別人和自己，因為未來就像一條河，盡頭是一道壯觀的瀑布還是一片寬闊的海洋，誰也不清楚。

在年輕時，即使條件不如別人也不要氣餒，因為年輕就是上天給你的最好資本，它就像一個百寶箱一樣，會給你越來越多的驚喜。

比我窮的人就別來教我做人？
──關於做不到和不想做

> 「讓別人像自己一樣做人」和「讓別人像自己一樣有錢」
> 都不見得有多討喜。

生活稍微不留意，就多出很多新的內容。

很多新朋友很喜歡我寫的理財內容，實際上理財只是我寫作內容很少的一部分，最多佔25%，其他的75%分給了八卦、職場、情感和生活。

這些內容如果嚴格按照內容分類，應該屬於「非虛構寫作」，它們基於現實生活而來，得出的也是適用於現實生活的體會。它們可能是單一類別，也可能是交叉領域，就像今天要講的這件事──

「比我窮的人就別來教我做人。」

1

「現實很殘忍。以前有個叔父說：你比我窮的話，就別來教我怎麼做人了。」

那天不知道是誰把這段話發到讀者群裡，得到了很多人的認同，我看到後卻略微猶豫了一下。

讀者中大多是年輕人，經歷的事情少，容易被這類看似解氣實際上站不住腳的「道理」蠱惑。

儘管我們在生活中也會說一些類似的話，但稍微有點生活閱歷的人都知道，事情從來就沒有那麼簡單。

很多年前，我也曾經面臨過這樣的境遇。那時候我剛畢業沒多久，興高采烈地做了一名記者。做記者是我這麼多年來的夢想，外人不知道我有多喜歡那份工作，即使現在離開媒體行業已經超過十年，每次回想起來也能體會到那份心動。

如果硬要說，唯一的缺點，那就是它的收入沒有外人想的那麼多。

那個時代大部分傳統媒體都是體制內，收入不可能太高，不過那時候的物價房價也都不算太高，所以這些並不妨礙我每天跟打了雞血一樣開心地工作。

當然並不是每個人都能理解這種開心，在一個隨時隨地受到現實捶打的時代更是如此，時常被人用來作為收入產出的衡量和對比。

當時有個差不多年紀、關係一度很好的朋友在外商工作，那個時候他的收入就已經上萬了。2000年左右是外商的黃金時

代。他總覺得媒體這份工作「性價比不高」，尤其是看到我出差一週採訪寫稿刊發後換來的那點稿費，更是不以為然。

他應該算是我們那一群人裡最早接受物質世界洗禮的人了。

因為工作生活環境的影響，他逐漸學會用收入高低、錢多錢少來衡量人。大家共同語言越來越少，他甚至開始看不起賺得比他少的人。

在那個周圍人都努力向前衝的年代，沒人會認為他這種變化是錯的，即便你認為這樣不對，也不知道如何化解，直到後來發生了一件事。

2

有段時間他在忙一個很重要的專案，這個專案非常緊要，合同金額也很大，他大概為此忙碌了快一年，甚至推掉了很多聚會。

當時他們有個競爭單位，是家本土企業，雖然產品品質遠不如他們，但價格實惠，而且更會搞人脈。因為這個項目金額太大又太過重要，雙方一度競爭得非常激烈，綜合對比，他們的優勢還是比較明顯的。

結果等到開標那一天，居然是條件一直不如他們的那家本土企業得標。這不僅讓他們公司大受打擊，更是讓一直負責跟進專案的他很崩潰。

招標結果出來後的一次聚會，大家明顯感覺到他狀態不對，一問才知道是這個原因，當時他已經準備辭職以「承擔責任」。

　　聽了他說的情況，我的直覺是競爭公司多半使用了一些檯面下的手段，否則是不可能在產品品質、業界口碑不如他們的情況下，拿到這麼大一個專案的。

　　他說的確是如此，對方公司貌似花了不少時間、精力、金錢打通了客戶招投標的負責人的關係，不管這種方式是否能放在檯面上，但招投標結果一經公布，已經沒有了挽回的餘地。

　　我想了想說：「也不一定，如果對方產品品質和你們差距明顯，這個項目本身又如此重要，那麼一旦到了具體推進過程，多半會出問題，如果那樣就是你們的機會了。」

　　他對我的話並不以為然：「你又沒有在企業裡幹過，你哪裡懂。」

　　當時我的確還沒有在企業裡工作的經驗，對他們那個領域也一竅不通，但我也有我的優勢：我懂人——做記者就是天天跟人打交道，什麼人什麼秉性，交談個十分鐘就知道得八九不離十了。不管什麼領域、什麼企業，都是人在做事，既然如此，很多時候人的共性是會相通的。

　　儘管他不以為然，但我依然堅持我的看法，勸他不要放棄，沉下心來伺機而動。

　　如果按以前他的習慣，極有可能不會把我說的話放在心上，畢竟我只是個外行，而且賺得遠比他少。但是那段時間，他的心態因為項目受挫而一落千丈，而且暫時沒有別的辦法可想，所以他決定抱著死馬當成活馬醫的想法姑且一試。

3

就這樣，他又跟了這個本來已經雞飛蛋打的項目一段時間，沒想到果真如我所說，這個項目在執行過程中因為對方產品品質問題處處受到掣肘，本來招標中說花一塊錢就能解決的事，實際上要花掉雙倍的價錢，而且品質還得不到保障。

這種情況最終讓客戶公司開始反省整個招標過程，發現他們居然放棄了更好的合作方，而選擇了次一級產品。客戶公司董事長大為光火，最終決定撤回招標結果，將專案重新交給他們公司。

這個結果讓他又驚又喜，甚至問我：「你怎麼知道會這樣？」

我不能未卜先知，當然並不會提前知道這個結果，但我知道做事情的方法、邏輯和人情世故，這些都是我當時那份收入不高的工作教會我的。

這個項目失而復得之後，他在公司的地位得到提升，收入更高也更忙了。擺脫了之前的窘境後，他的倨傲也漸漸故態復萌，甚至又開始用收入來衡量一個人是否值得交往了。

比如一群熟人聚會，本來都在開開心心地聊事情，他卻總覺得對方很無趣。有時候並不是真的覺得對方無趣，只是覺得對方收入不高而已。

即便是我，也並沒有因此顯得關係多近——那時候他月薪兩萬左右，而我的月薪不過五千。

漸漸地，他就不參加我們這邊的聚會了，開始有了自己的圈子。他那個圈子裡的人我也見過，怎麼說呢，沒別的，就是有錢：渾身上下名牌就不說了，各種奢侈品，吃穿不求最好但求最貴……

真跟那些有錢人相比，月薪兩萬的他似乎又不算什麼了。但他並不覺得怎樣，認為那才是他應該待的地方。

偶爾有朋友說他：「你現在變了好多，變得好像我們都不認識你了。」他會淡淡地說：「很正常，到了不一樣的階段，大家的方向就會有所不同。」

言下之意，不過是「如果你比我窮，就別來教我做人」的翻版。

4

在大學剛畢業那幾年，這種分化其實非常常見，它來自每個人的成長環境，也來自外在世界的影響，更來自不同的人對這種影響的消化和吸收。

即便很多年我終於決定跳槽到企業時，我的月薪依然不過剛剛上萬，在他眼裡依然是個「窮人」。當然我的離開並不是因為收入，只是因為那份工作已經無法再給我新的養分了。

對我這種人來說，新的東西永遠比錢更有誘惑力。

經過了在媒體行業11年的摸爬滾打，當進入企業工作時我才發現：

和以前跟各種人打交道相比，賺錢……真的太簡單了！

這並不是在裝，以前的工作單位裡，我的工作（採訪）對象是人，我的工作夥伴是人，所有人性的光彩我都會碰到，所有人性的陰暗我也會接觸，需要打起十二分精神應對每一個人。

到了企業，尤其是以商業利益為首要目的的企業，你只需要琢磨如何賺錢，即便有類似前面所說招標那樣的事，也一定是先以產品為基礎，否則就算你再洞悉人性也無力回天。

經歷了一段時間的適應期後，我很快站穩了腳跟，並且在賺錢這件事情上開足馬力越跑越遠。

有沒有碰到過困難？當然有，但大都是方法上的困難，一旦把思路和方法梳理清楚，這些困難就都被分解為可以逐個擊破的小環節了。

有沒有碰到過麻煩？也有過，但大多是表面上的麻煩，即便是你的客戶，終極目的也是賺錢或者盈利，所以只需要站在對方角度考慮怎麼做能幫助對方賺錢和盈利就好，麻煩自然就解決了。

有沒有解決不了的問題？當然也有，比如超過業務範圍或者能力範圍，那就介紹給在業務範圍或者能力範圍內的同行，這樣還能結個善緣……

就這樣，大概轉行五年之後，我的收入就把同時期的他遠遠甩在了身後。此時，他依然在外商裡打拚，但是外商黃金時期已過，這個年紀的人略微有些尷尬。

那麼，已經賺得比他多的我，是不是能說他不配跟我交往了

呢？

　　我想，這永遠不會是我的答案。

5

　　這個世界上，每個人都有兩種目的不同的技能，一種是拓展物質條件，一種是拓展精神世界。

　　在全民向錢看的時代，前一種更被看重，因為它會直接帶來物質財富，這的確是一件讓人更愉悅的事。

　　那麼是否就能說它比後一種更高級？並不是，恰恰相反，絕大多數能夠拓展精神世界的技能，都能完美解釋如何拓展物質條件，反過來卻常常行不通。

　　就像賺錢和知道自己如何賺錢，其實是兩回事——賺錢屬於前者，知道自己如何賺錢屬於後者。

　　如果你覺得這話不太好懂，那就換個更簡單明瞭的例子：

　　一個商人常常能賺很多錢，在個人物質財富的積累上遠遠超過商學院的老師，但很少能夠到大學校園中傳道授業解惑。

　　商學院的老師常常賺得不如商人多，但能完美解釋賺錢的方式、方法和思路，所以他們中的很多人下海經商後轉型迅速、成就斐然。

　　對前一種人來說，不是他們不願意，而是他們做不到。

　　對後一種人來說，不是他們做不到，而是他們不願意。

做不到和不願意是完全不同的兩件事。

這個體會放在我自己身上更加明顯。在企業工作的時候，我時常回想起以前在媒體工作的情景，最大的感受就是那時候需要動的腦子遠比後來多，拋開賺錢這件事情不談，很多解決問題的思路和方法其實相差不大。

而在企業工作的很多人，其實並不怎麼喜歡動腦子。

在企業工作很多年之後，我回到了以前的老行當，開始專注寫文章。這時候就更有趣了，因為不僅要做內容，也要管賺錢，直接把兩種技能結合在一起，難度提高了，我反而跑得比先前更遠了。

到了這個階段，我依然認識了很多人。他們大多年輕，賺得不怎麼多，但都很生動鮮活，我依然能從他們身上學到很多東西。

別人賺得是不是比我多，根本不是我考慮是否能交往的原因，連之一都算不上。

6

「如果你比我窮，就別來教我做人」這句話真正需要我們注意的，是和人溝通的方式。

我想說這話的人，真正反感的並不是對方比自己窮或者富，只是「教我做人」這件事，因為有些人的好為人師和刻板教條有時候的確讓人難以接受。

　　但這和是否有錢沒關係。

　　就像當初我賺的遠不如那個哥兒們多，但是我能看到他看不到的問題關鍵；雖然當時他的收入是我的四倍，卻並不代表他的認知也是我的四倍。

　　其實每個人性格不同，成長環境不同，教育背景不同，誰都沒法給另外一個人完全整齊劃一的範本，最多只是參照。從這點上說，「讓別人像自己一樣做人」和「讓別人像自己一樣有錢」都不見得有多討喜。

　　看到這篇文章，如果你真的對這樣一句話產生了某種認同感，只能說明你喜歡把問題簡單化，用類似「貼標籤」的方式把問題歸類，然後就認為事情解決了。

　　就像文章前面說的那個朋友，當年他衡量一個人是否值得交往的標準就是收入高低，這顯然是有問題的。

　　等我自己真的一步步成長起來後才意識到，其實每個人的世界都如此不同，相互比較是一件很沒有必要的事，因為你不知道未來的某一天自己會變成什麼樣，別人會變成什麼樣。

　　如果你不喜歡對方的交流方式，請直接說出來，而不要把問題引到錢多錢少上去，那樣真的很幼稚。

時間就是金錢，
可是你為什麼那麼愛浪費時間

> 沒事，還來得及，到時候可以再做——實際上當你腦子裡蹦出這樣的想法時，時間的陷阱就已經在前面等著你了。

那天是一個專案的中期時間節點，一大早專案統籌就在工作群裡吆喝大家交件，到了下午其他人都交了，只剩小A一個人一直沒交。

我私訊問他，他始終回答說已經完成了，只是覺得不好，要修改。我說那你發給我，我來幫你改，我改得比較快，這樣可以節省一點時間。

小A起初說沒問題，但就是一直不發。我後來問他，你究竟完成沒有？問了兩次，他終於扛不住了，給我發了一個哭臉，說的確沒有完成。

我特別生氣，如果今天沒有完成，那昨天、前天肯定也沒完成，為什麼不提前通知大家，偏偏要等到最後的節骨眼兒上才說？

小Ａ苦著臉說：「我以為我可以趕出來的。」在有關時間拖延的問題上，這是我最常聽到的一個答案：我以為……

為了不影響專案整體進度，也為了不因拖延被對方罰違約金，那天晚上我們所有人忙到凌晨兩點，終於趕出了本來應該由小Ａ完成的部分。

第二天早上我做的第一件事，就是不再讓小Ａ繼續參與這個項目。

我可以接受人的很多弱點，但在我特別不能接受的是工作上對時間的輕慢，特別是在團隊專案上。

1

很多人在跟我工作後都說我有點恐怖，因為我反應快，動作也快，想到馬上就會去做，一做還能堅持下去。

「刀哥，你這樣會讓人家覺得壓力很大。」

不止一個小朋友這麼跟我說過，甚至我曾經的搭檔也說過這個問題，當時團隊裡有小朋友在他面前嘟囔，說我不給他們成長的時間。

我聽了淡淡地說：

我當然會給人成長的時間，這首先要取決於你自己是否珍惜時間，因為給人成長的時間並不等於要認同你浪費時間。

換句話說，如果你都不把時間當回事兒，那憑什麼要求別人

把你當回事兒？

　　當然並不是所有人都認同這一點，有些人會說每個人有每個人的做事方法和風格，你不能拿你的要求去衡量別人。

　　這話沒錯，但是在工作和協作這件事情上，我們經常只有一個衡量標準，而時間節點就是通行的衡量標準備選之一。不能因為一個人的拖延，導致其他人的消耗，這是職場中人最應該具備的基本素養。

　　不知道是不是我的錯覺，最近這些年，感覺周圍越來越多的人願意為浪費時間列舉很多冠冕堂皇的理由了：

　　比如人生需要放空——

　　這種放空並不是勞累後的休息，而是該做的事情完全不想做，玩東玩西就把事耽誤過去了。

　　比如人生需要彎路——

　　這種彎路並不是指遇到困難時的嘗試或者試錯，而是你明明知道浪費時間不對，還是忍不住去浪費。

　　再比如人生需要想得開——

　　這種想得開並不是努力之後接受現實，而是根本不去努力，還要給自己戴上冠冕堂皇的帽子。

　　這些都是好聽的說法，如果說得不好聽就是：

　　很多人沒什麼別的長處，他們最擅長的就是浪費時間。

　　有些人不願意承認這一點，但事實就是這樣，而未來擊敗他們自己的恰恰就是這一點。

2

關於時間這件事，講一個發生在我自己身上的慘痛教訓。

那時候我剛工作大概半年。我是個典型的牡羊座，想到就做絕不拖泥帶水，因為這個特點在剛工作那段時間獲得了同事和主管的不少正面評價。

然後我就有些懈怠，正巧那時候單位組織了一個重大專刊項目，我負責其中一部分。在之前的協調會上，主管把每一部分的時間節點、內容、特點、要求、負責人員都講得清清楚楚，我只要按部就班做就行了。

那段時間我逐漸習慣了工作的節奏，總覺得這項工作對我來說並不困難，一兩天絕對可以搞定，這麼一算時間相當充分，所以我就沒把這事放在心上，玩自己的去了。

悲慘的是，當我真正開始做起來的時候，發現項目比我想的要複雜，而且必須花很多的時間做前期的準備。因為我前面已經耽誤了很多時間，剩下的時間已經明顯不夠了。那時，我還有種特別僥倖的想法：

也許這個項目沒那麼急呢，也許主管會再等我一兩天呢，也許……

但是根本沒有也許，到了約定的時間節點，整個項目組只有我一個人沒有按時交稿子。

我當時找了很多理由，當所有人都把目光盯在我身上的時候，那些理由都顯得特別無力，我彷彿坐在了一片燒紅的鋼針上。

我試圖為自己辯解，主管掃了我一眼後，二話沒說，讓我不管當天多晚都要把它趕出來。

儘管我非常努力，最後依然沒能按時趕出來，還是晚了半天。晚了半天帶來了什麼樣的結果呢？那就是所有的內容都不能付印，而且有一組同事當天要陪我一起加班到深夜，包括編輯、美編、校對和組版人員。好在最後沒耽誤印刷。

這事兒完了之後，我被扣了一個月獎金，大概2000塊。對20年前初出茅廬的我來說，並不是一筆小錢。

3

被扣錢之後我非常鬱悶，結果主管甩給我幾句話：

如果這一次不讓你記住這個教訓，那麼這種情況你以後一定會再犯。這次只是耽誤了一些時間，但你想過沒有，如果整個專刊的時間都被耽誤了，那麼就意味著廣告無法正常排期，這就相當於違約，這個損失可就大了。

被主管這麼一說，我才意識到問題的嚴重性，嚇得渾身冷汗直冒。

相比之下，2000元的罰款雖然當時看來很多，但是要真的發生了她所說的情況，根本就是九牛一毛。

主管還跟我說：

你有很多優點，但是如果你在時間這件事情上不認真，那麼你之前所有的優點都會被它抹滅掉。

那時候聽主管的這番話，讓我覺得她言過其實，不過因為被罰款的教訓實在很慘痛，從那之後我就在腦海裡把時間當成了一條紅線。

1. 任何情況下不管在做什麼事，只要定了的時間我一定會完成；

2. 只要答應了別人某個時間要完成的事情，我就一定會辦到；

3. 不僅如此，我還會盡可能地把時間放到更前一點，這樣就能夠留出一些「餘裕」，讓自己從容一些。

4. 寧願在最後時刻優哉游哉地等，也不要在後面心急火燎地趕，因為那樣多半會出問題。

說來也奇怪，當守時這件事情形成習慣之後，它直接改變了我在很多人心目中的印象。

我在當記者的時候經常要到外地出差，有一天一個平常交往不多的編輯說，每次聽說稿子是我寫的，她就特別高興，因為只要給我一個最後的時間節點，我一定會在這之前把稿子發給她。這不僅意味著能夠按時下班，而且這一晚上工作心裡都很踏實。

等後來我自己當了編輯，我才體會到這種踏實意味著什麼。

一般來說，報紙的付印時間是夜裡12點，至少要留出4個小

時的工作時間，這些時間包括至少兩個小時的編輯和排版、一個小時的校對和修改，最後再送主管審閱。

很多時候，當你說晚上8點截稿，有些同事別說8點了，9點都交不出稿子，有時候甚至要拖到10點甚至更晚。這樣一來，後面所有的流程都要往後壓。

最慘的一次，我凌晨3點才簽版，結果下一週反倒是我這個值班編輯被扣了錢。

4

有個很奇怪的現象：在一個團隊裡，經常拖延時間的常常就是那麼幾個人。

不管他每一次承認錯誤有多爽快，也不管他表現得有多主動，在拖延時間這件事上卻經常會再犯。

這種情況不僅會影響整體工作進度，也會給其他同事帶來很多負面影響，大家會覺得：既然他都可以不聽你的，那我為什麼要聽？

做我們這種工作的，常常會聽到一種說法：我沒有靈感，真的創作不出來──是不是聽起來也挺有道理的？

別相信，相信就是你太單純了。

事實上，不管在什麼工作中，靈感只能是在初級階段才有作用。

當你進入職業生涯的中期，每天必須完成這樣的工作，靈感更多是方向的指引。如果你拿這個理由為自己辯解，那麼你沒說

出口的潛臺詞多半就是：

準備得不夠充分，精力不夠集中，太會給自己找理由。

後來我跳槽到企業工作，原本以為這種情況會好一點，事實證明我太幼稚了。和報社這種單位比起來，企業的工作更複雜，協調流程更長，協調節點更多，這意味著可能被浪費的時間和有意無意浪費時間的人也就更多。

有一次做一個比較複雜的專案分析報告，每個人負責其中一部分，結果到了一個同事那裡，遲遲沒有交出來，不僅影響了整個專案報告的流程，甚至影響了後面的送審。

聽起來可能覺得這事兒並沒有那麼嚴重，可是很快我們就知道了這件事的影響：

由於負責審批的有關部門的時間是已經確定的，這一次晚了就只能等下一次，而下一次審批要到半年以後，這就直接導致該產品的投放時間被硬生生推遲了半年。

最後這個同事丟掉了這份高薪工作。

類似這樣看似很小的問題最後都會引發大麻煩，在我過去20年的職業生涯中屢見不鮮，特別是當你不覺得這是一件多麼可怕的事時，背後隱藏的結果經常會讓你瞠目結舌。

5

後來有朋友曾經問我，有過那麼多亮麗的職業歷練之後，為什麼會選擇自由業，我的標準答案是：

別人經常不靠譜，只有自己靠得住。

這話確實是我的真實想法，特別是在時間管理這個關鍵問題上。要是工作上像小A的那種情況多了，事情還沒做完，我就先把自己給氣死了。

也因為如此，在工作夥伴的選擇上，我會盡可能選擇時間觀念差不多的人，不然實在太痛苦。在安排專案的時候，明明你已經說了最後的時間點，明明你已經告訴他如果耽誤可能會造成什麼影響，可他們最後還是會耽誤。

如果說這些耽誤是因為難度特別大倒也罷了，實際上並不是，絕大部分是你認真抓緊一點時間就能完成的工作。

他們並不是沒有能力完成，只是習慣性拖延。

當拖延一旦成了習慣，註定會浪費掉許多寶貴時光——更可怕的是，這不僅浪費自己的時間，還會浪費別人的時間。

比如，我就聽到有熟人不止一次這樣問我：你怎麼有時間和精力寫這麼多東西？你怎麼可以同時完成這麼多事？……

我心想，那是因為你在玩手機、打遊戲、發呆閒聊時，我都在做事情。

我真的很愛惜時間，但不是每個人都這樣。

不一樣的人也沒關係，我們可以做朋友，吃吃飯聊聊天，但是絕對不能成為工作搭檔，那樣我真的會瘋掉。

6

為什麼會出現這種情況？其實就是缺乏時間管理。這種管理不僅僅是對別人的要求，更是對自己的要求。

很多人在拖延時間時，常常會覺得：沒事，還來得及，到時候可以再做——實際上當你腦子裡蹦出這樣的想法時，時間的陷阱就已經在前面等著你了。

在陷阱裡，你會發現：

1. 事情可能並不像你想的那麼簡單；
2. 你花的時間有可能要比預想的多得多；
3. 你完全沒有給自己預留轉圜的餘地。

的確，隨著工作經驗越來越豐富，我逐漸意識到我們為什麼要按時完成工作，因為這其實是在最大限度地節省我們的時間。

你前面拖延了一小時，後面可能得花兩小時去補救；你前面耽誤了一天，後面多半會花兩天去挽回。

既然這樣，幹嘛要拖？

很多人之所以養成拖延的習慣，還有一個原因就是周圍人的過分寬容。一旦你認真地批評這事，他們還會覺得你小題大做。

就像我文章開頭講的小Ａ，我不讓他繼續參與專案工作之後，他還覺得很委屈：我雖然晚了，不是也交了嗎，為什麼還會這樣？

這種人看問題的出發點常常只有自己而無他人，絲毫沒有覺

得浪費別人時間是一件更可怕的事；更過分的是，他的確只耽誤了自己的時間，但是隨後增加了所有人的工作量，每個人都在為彌補這個漏洞而忙碌。

這是不公平的。

7

還有個問題：

珍惜時間究竟有什麼用？

除了剛剛說的「按時間節點完成其實是最大限度地節省時間」這個優點之外，一個珍惜時間的人給人的感覺是完全不同的。

我並沒有想過自己會堅持寫文章這麼多年，因為很多時候工作太忙，哪怕只有一個小時或者三十分鐘，我都會想寫一點東西；久而久之就會養成一種習慣，不僅會提高你寫作的數量，而且會提高你寫作的品質。

我和另外一個寫作的朋友秋李子也曾探討過這個問題。她現在一天只寫兩個小時，能寫一萬多字，很多人（包括我）都覺得不可思議。

她說的其實就是全心全意利用時間。

在寫作的過程中她會關掉手機、電子產品以及外界訊息，認認真真寫東西，堅持下來就成了現在的高產作家。

而絕大多數人可能坐不了五分鐘就要看一下手機，幹不了十分鐘活就要玩一下微信，結果時間就在這樣零敲碎打中被支解得

支離破碎。

　　這些細微的時間浪費，你可能並不覺得有多麼嚴重，但是當它日積月累就會變成一個問題，不僅讓你失去了很多時間，還讓你養成了浪費時間的習慣。後者顯然更可怕。

　　以前有一句老話叫「時間就是金錢」，現在大家可能已經比以前有錢很多了，所以越來越不在乎時間了，那麼不妨想一下後半句：效率就是生命。

　　你正在浪費的就是生命中的一部分。

更重要的是利用好「垃圾時間」

> 在投資的同時，認真工作、認真學習、完成自我成長，
> 如此一來，總有一天垃圾時間會變成黃金時段。

　　我從來沒想到，在網路上我最受歡迎的文章居然是理財。想當年，我可是因為擅長寫情感、職場和自我成長才走到今天的，為什麼大家最喜歡的偏偏是理財呢？

　　尤其是在新冠疫情襲來的那幾個月，可以明顯感覺到大家心中的某種焦慮感，尤其是一些新手朋友。

　　像絕大多數新手剛開始時一樣，他們內心充滿了對投資理財的憧憬、對賺錢效應的期待，以及對改變生活和對未來的渴望。

　　可是幾個月的時間過去了，市場表現不溫不火，不止一個人忐忑地問我：「刀哥，難道就這麼眼睜睜地看著它不溫不火下去？」

　　我哭笑不得，不然呢？

1

絕大多數新手小夥伴可能永遠也無法理解的一件事是：作為一個普通人，當你踏入投資理財市場後，可能很難遇到那種日賺斗金的高光時刻，甚至很難遇到那種每天賠到跌停的痛苦時分。你將經歷的80%以上都是讓你茫然的「垃圾時間」。

所謂垃圾時間，就是你買的基金也好、股票也罷，既不怎麼漲，也不怎麼跌，上上下下，來來回回，前面看不到出路，後面看不到未來，讓人食之無味、棄之可惜。

聽起來是不是很無語？

對投資理財稍微有所感悟的人都明白，這是事實。如果你不能對這個事實加以認知，那麼在未來投資理財的道路上，就會遇上很多波折，走很多彎路。

想想二十年前，當我興沖沖地一頭投入股市時，滿腦子想的就是大賺一筆，一夜暴富。因為有這個想法，每天股市開盤時，我就跟打了雞血一樣興奮地從開盤看到結尾。

第一天還覺得新鮮，第二天也覺得有趣，但是到了第三天，我忽然覺得很沒意思：為什麼沒有什麼大的變化？

雖然有些時候會漲，有些時候會跌，但是總體看來要嘛是退一步進兩步，要嘛是退兩步進一步，上上下下，怎麼都不給人一個痛快！

這種感覺讓我覺得很不爽，我這樣一個做什麼事情都講究雷

屬風行的牡羊座，當然是希望乾脆俐落，最受不了的就是這種不上不下的溫吞狀態。

事實從來不管我心裡怎麼想，它就是上上下下、不上不下、要上又下⋯⋯讓你看著氣到肝疼。

看多了之後，我忍不住在心裡哀號：天哪，老子是想賺錢的，不是想來當溫水裡的青蛙，怎麼現在會成了這樣的狀況？

這就是當年我最真實的感受，聽起來是不是有點熟悉？不知道現在的新手們面對最近的市場表現，有沒有類似的感覺？

2

當我逐漸習慣了這種溫吞狀態後，我開始琢磨一點：為什麼會出現這樣的情況？

再仔細觀察了一下周圍，我突然發現：

除了少數專業金融機構的工作人員之外，絕大多數在理財上更有經驗、更有建樹的人，似乎都不怎麼關心市場短期的變化。

不管市場怎麼樣，他們該幹什麼幹什麼，這一度讓我很好奇。

你不怕跌嗎？你不怕下跌之後套牢嗎？
你不怕漲嗎？你不怕上漲之後踏空嗎？
⋯⋯

這些問題問出去，最常聽見的答案就是「不用擔心」。

反正跌了會漲上來，漲了會跌下去，如果賺錢只是一個結果，那麼等待這個結果的過程佔到你身處市場80%的時間，絕大部分時間你只會處在等待的過程中。

我聽了很詫異：啊，也就是說，80%的時間都是……無用的嗎？

對方想想說，你可以這麼認為。

那是我第一次聽說投資還有無用時間的說法，這讓我分外詫異，難道不應該每分每秒都奮勇爭先、分秒必爭嗎？

事實讓我不得不承認，我們的確會面臨很多垃圾時間。這種情況跟很多新手的想法大相逕庭，剛進入投資市場的新人都喜歡快刀斬亂麻，腦海中的想法不外乎以下幾點：

一、儘快賺錢。

投資理財的終極目的不就是達到資產和財富的保值增值嗎？只有儘快賺錢才能達到這一點，否則幹嘛要投資理財？

二、儘快回本。

如果一進來就虧損，那麼新手們想的就是什麼時候才能回本，如果回本了就再也不投了，因為實在是讓人太驚心動魄，那麼遊戲同樣重新回到什麼時候能夠儘快賺錢上。

三、證明自己。

很多新手都把開始投資理財當成人生的一個重要決定，而能夠證明自己這個決定是正確的方式，當然還是儘快賺錢。

很多新手腦子裡想的，其實就是儘快賺錢這一個想法——即便他已經知道新手不宜快進快出、基金不適合短期投資，這種潛意識也很難改變。

這種情況下，人是很難接受垃圾時間這個概念的。

3

換一個角度，所謂的「垃圾時間」就是放在一個相當長的階段中，怎麼看都是沒有太大用處的時間。

以2020年開年這一個多月為例，2月份A股經過一波反彈上升到3000點上方，然後隨著國外疫情形勢的嚴峻，外國股市不斷下挫，導致A股也跟著下挫，儘管下挫的力度不如外國股市，但是也跌到了2700多點。

隨後股市就開始了今天漲一點明天跌一點、今天再漲一點明天又跌一點這種循環往復的過程，持續的時間一長，很多新手朋友就覺得非常不耐煩：

要活不給人好好活，要死也不讓人痛快死，這叫什麼事兒？

這就是投資市場的常態。

像這種前不著村後不著店、既不漲也不跌循環往復的狀態，幾乎佔據了投資理財市場的絕大多數時間。

　　是不是看上去就很痛苦？

　　那是當然，這也是為什麼當某個人決定要開始投資理財時，首先要告訴他的事情就是要長期理財。並不是說長期理財才能賺錢，而是因為只有真正堅定了長期理財，你才不會受到垃圾時間的干擾。

　　不信我們往回看。

　　讀者群裡的很多朋友都是從2016年11月開始，因為我的理財文章嘗試投資理財的。看一下這張走勢圖，會發現2016年到2020年這四年間，絕大多數時候股市是上上下下、進一步退兩步的狀態，真正能夠大幅上漲的時間屈指可數。

　　垃圾是沒有用的，那麼垃圾時間是否也是沒有用？投資滿三年的朋友們看一下帳戶收益，會發現儘管長期在垃圾時間裡，但帳戶收益數字基本都是正的，更關鍵的是，我們還不知不覺地存下了一筆金融資產。

　　這又是為什麼？

4

記得以前看過一本書上面講過，真正的投資理財最重要的其實是抓住那20%的上漲時刻。一旦你抓住了，你就不會錯過這一輪行情；一旦你沒有抓住，哪怕你80%的時間都在市場裡，依然會望錢興嘆。

也就是說，大部分上漲只佔據市場最多20%的時間。

就像我在投資理財市場裡待了差不多20年，可腦海裡真正能記住的也就是幾個高光時刻，比如說2005年之後到6100點的大牛市，2015年上漲到5100點的第二大牛市，其他我已經記不得什麼了。

實事求是地說，那兩場大牛市中當然有所收益，可真正仔細想起來，如果只靠牛市賺錢，那在牛短熊長的中國A股，基本沒有賺錢的可能，所以我們必須利用好「垃圾時間」。

就像前文的股市走勢圖中所展現的，兩個大牛市之外的時間，市場都是上上下下的狀態，很折磨人。如果你保持長期定期定額的習慣，不在意一時的漲跌，那麼到最後哪怕只漲到3000點或者3500點，你依然有所斬獲。

從這一點上，就可以看出垃圾時間的作用至少有兩個：

1. 讓你摒棄對快速賺錢的幻想，真正踏踏實實做到長期投資，用時間換空間。

2. 不把希望寄託在牛市和所謂大行情來的時候，而是把它寄託在按照投資規則不斷前進、以規則去戰勝意外的過程中。

如果意識不到這兩點，作為一個普通投資者，在弱肉強食的市場根本不可能抓住上漲的時刻。

5

以上事實證明，「垃圾時間」真的是有價值的。

即便很多朋友是從2016年底才開始投資理財的，即便這三年多的時間裡，市場一直圍繞著3000點上下波動，並沒有太大的漲幅，也沒有太大的跌幅，但大家依然有所斬獲。

嚴格意義上說，這絕對就是標準的「垃圾時間」再利用。

在絕大多數垃圾時間中，只要我們堅持長期投資，嚴格遵循自己制定的投資規則不去隨意改變它，那麼一定就會有所收穫。

很多專業人士同樣如此，他們捕捉牛市的能力當然超過我們。如果只靠牛市賺錢，A股市場十幾年都盤桓在3000點，他們早餓死了，他們對於「垃圾時間」的重視和利用遠超過普通人。

放在生活中，道理其實也是一樣，很多人希望自己無論在工作和生活中都能一飛沖天，實際上厚積薄發才是真正的賺到。每一個高光時刻可能都需要無數夜以繼日、積少成多、集腋成裘的累積，天上很難直接掉一份大禮砸在一個普通人頭上。

對普通人來說，我們最不缺的就是「垃圾時間」，最容易忽

略的也是它們。很多人對垃圾時間一點興趣都沒有,總是希望自己一上來就抓住一個大牛市,就像走在路上就能撿到一個大錢包,一談戀愛就能遇上一個心儀的人,改變自己的未來,改變自己的人生,畢其功於一役。

可能嗎?

身為普通人就要有普通人的覺悟:

機會對普通人來說可能是有的,但並不多,而且就算來了你可能根本也抓不住,甚至過了很久才知道那是一個機會。如果這樣,那就老老實實學會從「垃圾時間」裡淘金的本事吧,這叫面對現實。

明白這一點,你就知道我為什麼一直要求新手朋友們堅持定期定額、堅持長期投資、堅持閒錢投資了。

因為普通人沒有別的路好走,而有的路很多人根本看不上。

像我這樣一個並沒有太多專業理財知識的人之所以能夠一步步走到今天,原因應該就在於比較好地利用了所謂的「垃圾時間」,時間一長,它讓我的認知和生活發生了本質的變化。

6

回想2000年前後入市到現在這20年間,我可能也就經歷了2006年、2009年和2015年這三個短暫的牛市,其他的時間都可以稱為熊市。

　　那些牛市雖然能夠賺到錢，可也經常容易虧錢，因為波動太劇烈，同時還要和很多專業人士或機構競爭。作為普通人，心智和投資定力都會受到嚴峻的考驗。

　　熊市投資就不一樣了，絕大多數人並不理會你在做什麼，你只要堅持下去，受到的干擾其實相對來說少得多。

　　對於普通人來說，在回憶自己的成長經歷時，印象深刻的常常只有那幾個高光時刻，而高光時刻之外的絕大多數時間可能都已經淹沒在你的記憶深處，連一朵浪花都看不見。如果沒有那些時間，你又怎麼可能擁有這片高光？

　　利用「垃圾時間」還有個很重要的地方，那就是在投資的同時，認真工作、認真學習、完成自我成長，如此一來，總有一天垃圾時間會變成黃金時段。

　　在投資理財的市場裡待的時間越長，我越體會到利用好垃圾時間的重要性，就像我們自己在追求自身成長時，需要一點一滴積累好所謂的「垃圾時間」一樣，千萬不要覺得自己生而不同，一下就能抓住機會。

　　記住，身為普通人，你沒有那麼幸運。如果你真的那麼幸運，你就不會看我寫的這篇文章了。

　　踏踏實實地去學習，去瞭解，去鍛鍊自己的心智，利用好別人看不起的垃圾時間吧。

　　垃圾時間並不可怕，可怕的是我們不敢去承認，不敢去面對。

　　實際上，我們在平常的生活中已經浪費了那麼多的時間，而我們面對金錢的折磨，不過是生活對我們小小不言的報復而已。

當你把一件小事堅持做了200次

> 在微博上寫付費文章滿兩年的時候，
> 我已經寫了100多萬字。

　　那天當發現自己在微博付費專欄上已經寫了第200篇文章時，頓時覺得很驚訝：居然已經這麼多了嗎？⋯⋯

　　從0到1很容易，從1到10很難，而從10到100就更難了。記得2017年寫到第100篇時自己曾經說的那句話：在這個年紀，能一直堅持做自己喜歡的事，是一種幸福。

　　能讓人扛過艱難和懈怠的最大動力，應該就是喜歡吧。

　　當文章的篇數已經邁過200篇的門檻時，忍不住又想到另一個問題：

　　做這件事讓我收穫了什麼？或者說，當我把一件事堅持做了200次，除了喜歡之外，它又給我帶來了哪些變化？

1

錢？有錢當然讓人開心，但還有壓力。

想來想去，一向閒雲野鶴一樣的我居然有一天也會在壓力下做事情，當然有的人認為都是因為錢。

周圍朋友介紹我的時候一度都會說：他在網上的文章都是花錢才能看，而且很貴，可訂的人還不少……

每當聽見這樣的介紹，一些不太熟悉的人就會略帶驚訝地看著我：

「你是在網上連載小說嗎？」我說不是。

「那你寫的是稀缺專業的內容嗎？」我說也不是。

他們聽了就會很驚訝：「那怎麼會有人花錢去看？」

很少有人會覺得，你對生活的紀錄會值得人花錢一讀。

寫文章能換來收入當然是好事，有錢當然讓人開心，但真的不全是如此。

對一個寫字的人來說，當成愛好寫字和當成工作寫字，這兩種感覺完全不同。當成愛好的時候，你當然可能寫出很漂亮的文章，但是你會很難堅持下去，生活中隨便有一點風吹草動就會讓你改變主意：算了，還是幹點能賺錢的事情吧。

當寫字成為工作之後，橫在你面前的就成了另外一個考驗：今天寫什麼？明天寫什麼？後天寫什麼？……

別人以為靠寫字賺錢意味著窗明几淨、咖啡香茶，其實只有你才知道，每天睜開眼睛、牙沒刷臉沒洗的時候就開始琢磨：

該寫點什麼呢？

這真是單純把寫字當愛好的時候，打死也想不到的壓力。

這種壓力其實一度讓人特別痛苦，因為它忽然就把一件賞心悅目的事情變成了按部就班，甚至有些面目可憎。

別人可能不知道，我自己有時候也在自問：

你是吃飽了撐著嗎，幹嘛要把那麼輕鬆愉快的事變得這麼辛苦？

但是又想想：不知道這事堅持做下去，能變成什麼樣？於是又咬著牙繼續。就這樣從第1篇寫到了第10篇，又寫到了第100篇、第200篇。

不知道從什麼時候開始，壓力的感覺小多了。以前寫文章我總會啟動準備模式，跟沐浴更衣焚香差不多，現在嘛，真心不用了，拿起手機打開語音輸入就能呱唧呱唧地用嘴寫作。

回頭複查這些用語音寫成的文章才發現：咦，居然看上去井井有條，邏輯變得嚴密多了啊。

這個變化提升最大的是現實生活中吵架的能力，隨時「一二三四，二二三四，嘿」，完全不在話下！

真的，在壓力下做事情，能逼出一些你都意想不到的能力，好棒！

2

誰說中年沒法學習？讀者會逼著你去學的。

在寫付費專欄之前，我已經基本認可了一個觀點：

人到中年，創新意識已經開始逐步退化，學習能力也在不斷降低。

當寫文章變成了工作之後，我才發現：

鬼扯，誰跟你說中年沒法提升學習能力的，那是你沒有被讀者逼著走！

真正寫過文章的人就知道，寫文章並不僅僅是寫文章，它由三個基礎部分組成：

首先是閱讀。

大部分人開始寫作都源於閱讀，閱讀能帶給人很多不同的觀點和感受，同時帶給你全新的認識。

其次是閱歷。

人在年輕、涉世未深時的所見所感和飽經風雨時的感受是截然不同的，年輕時的洋洋灑灑到後來可能就變成了欲說還休。

最後才是寫作。

寫作是在閱讀和閱歷基礎上的自我呈現，也可以看作在前兩者基礎之上的自我消化和昇華。

說完了這個，再說說人到了35歲之後的狀態：

首先書讀得比以前少多了。

不說別人，我在14～22歲這八年看的書比後面那些年多多了，雖說我看的不是武俠小說就是雜誌，可那也是書啊。沒想到的是到了35歲之後，因為工作和生活日漸安穩，看書的時間莫名其妙地少多了。

然後就是太喜歡靠經驗說話。

以前年輕，沒啥經驗，所以都是事必躬親，做出來做不出來都是自己的感受。現在卻習慣性地看看開頭，然後就做出一個粗淺的判斷。事實常常和經驗相反，這樣的虧我沒少吃，只是沒好意思說出來而已。

最後就是寫作上的變化。

以前的寫作靠靈感、靠興趣，現在的寫作靠自律、靠堅持。以前寫起來天馬行空，但是水準參差不齊，有的很好，有的很爛。現在寫起來規規矩矩，但是水準相差不大。

如果一定要說進步，就是已經基本不會寫出很爛的文章了。

這就是木桶理論：

決定一個木桶容量的，常常不是最長的那塊木板，而是最短的那塊。

同樣，決定一個人水準的，常常不是他的長處，而是他的短板。

這種短板的警示要求你讀更多的書，經歷更多的事，才能寫出更多更好的文章。當身後有一群付了費的讀者拿著鞭子時刻準備抽你的時候，你的感受會更加真切。

3

這幫神奇的讀者，都被我帶進了錢眼裡。

這裡有必要說一說那些訂閱我的文章的讀者。

他們中的絕大多數是和我一樣的普通人，有男有女，女的居多。其中有不少人說：「打死也沒想到有一天會在網上花錢看別人寫的文章。」

不僅如此，他們中的一些看完了之後，還會積極地向周圍人推薦，當別人發現是要花錢才能看的文章時，都會狐疑地問：

「居然還要花錢，你是不是參加了什麼傳銷組織？」

從他們身上我看到了十多年前自己的影子，對一些新鮮事物充滿了好奇，希望生活朝更好的方向前進，為此願意付出一些代價。

當然別以為他們只是付錢訂閱而已，我的很多文章的創意就來自他們。

比如「人人都愛錢」這個系列文章，其實就來自他們對我的觸動，因為覺得他們怎麼那麼奇怪，明明這麼年輕卻不投資、不理財、月月光，該精明的時候愚鈍，該愚鈍的時候卻精明，急死我了！

既然這樣，那我就來寫，讓他們知道跟錢有關的生活是多麼有趣。這個初衷是彌補缺失的金錢教育的系列文章，到現在已經寫了幾十萬字，更多的是在總結和回顧自己這些年對人性和金錢關係的感受，有一些自己曾經犯過的錯誤，也有後來的修正。

　　很多讀者就是這樣跟著文章開始了他們人生第一次的投資理財，儘管過程跌跌撞撞，但是到現在也堅持了好幾年。

　　現在再和他們談論一些跟錢有關的話題時，發現他們已經有了很大變化，不再那麼瞻前顧後，也不再心裡沒底，雖然股市下跌的時候也會嘟囔幾句，但都是按部就班地往前走。

　　想想當初的自己，不也是按部就班朝著一個目標前進才有今天的嗎？

　　當然，除了他們之外，還有個別「大神讀者」讓我真的嘆為觀止，其中一位一言不發、從來不在讀者群裡說話的老兄一直把我的文章訂到了2029年，那時候我是不是都退休了⋯⋯

　　我經常在想，他是不是很「恨」我，才會用這樣的方式逼我不要忘了還欠著他一筆債？

4

最讓我意想不到的變化，同樣來自文字。

　　在微博上寫付費文章滿兩年的時候，我已經寫了100多萬字。

　　這100多萬字並不僅僅是留存在互聯網上的記憶，它們還成了讓我意想不到的成果──2017年出版的那本《世上有顆後悔藥》經過幾次加印，成了很多讀者喜歡的一本書。

　　他們之中很多人告訴我：

　　「這本書改變了我對生活的態度。」

　　後來我又拿著一摞文稿跟出版社溝通，他們一眼看中了「人

人都愛錢」系列，這是和《世上有顆後悔藥》風格完全不同的另外一個系列。

我問他們：為什麼？

他們說：因為關於錢的這些文章寫到了人的痛點上。

又是一個我沒想到的地方。

這本名為《遠離迷茫，從學會賺錢開始》的書出版後，銷量很快超過了《世上有顆後悔藥》，很多讀者說：「這本書改變了我對錢的態度。」

別說我不在乎銷量，每一個寫字的人，都希望有更多人看到自己的文章。

當時那兩本書上80％的內容，都來自我的付費文章。我只是發了一部分給出版社，他們就決定出版了。

我曾經說過，在這之前，2004-2016年，其實我也一直在網上寫文章，大概也寫了好幾百萬字，其中也有不少好文章，可是出版社都不願意出版，原因很簡單：「大家都在網上看過了，誰會再花錢買書呢？」

其實一前一後，我的文章內容沒什麼變化，風格也沒什麼變化，區別只是：前面是免費的沒有門檻，後面是收費的有了門檻。

結果是有門檻的文章幫助我獲得了更多認可，沒有門檻的卻被大多數人忽略了。

可能免費的東西得來太容易，沒人會覺得它有價值吧。

如果回到很多年前剛開始在網上寫東西的時候，我大概怎麼也不會想到，在網上寫文章這件事會帶給我這麼多意想不到的變

化：

知道了靠寫字賺錢養家是什麼感受，跟輕鬆不沾邊——任何事情一旦變成工作就會很痛苦，但我居然從這種痛苦中收穫了快樂。

居然學會了用語音寫字，然後提高了大腦的反應速度——從提高手速到提高腦速最後到提高語速，之前「中年的學習天花板」被一點點捅破。

莫名其妙地積累了大量嗆人的經驗——原來吵架也是件講究學習和積累的事，順道結識了一幫神經分分但是無比可愛的讀者……

看吧，把一件看上去普普通通的事堅持做了200次，居然會有這麼多變化，那麼如果堅持到了300次呢？

答案其實就在你的面前——當親愛的你看到我這本書的時候，我在網上的付費專欄文章已經超過了300篇。

下一步就是500次了，這麼一想，居然有些小期待呢！

理財小白的財富戰鬥：喚醒金錢意識,寫給入門理財者的財富
增長攻略! / 曾鵬宇作. -- 初版. -- 臺北市：春天出版國際文化有
限公司, 2023.04
　　面；　公分. -- (Progress ; 24)　　。
ISBN 978-957-741-660-5(平裝)

1.CST: 理財 2.CST: 投資

563.5　　　　　　　　　　　　　　　　　　　　112002728

理財小白的財富戰鬥

喚醒金錢意識，寫給入門理財者的財富增長攻略！

Progress 24

作　　　者◎曾鵬宇	總　經　銷◎楨德圖書事業有限公司
總 編 輯◎莊宜勳	地　　　址◎新北市新店區中興路2段196號8樓
主　　編◎鍾靈	電　　　話◎02-8919-3186
出 版 者◎春天出版國際文化有限公司	傳　　　真◎02-8914-5524
地　　　址◎台北市大安區忠孝東路4段303號4樓之1	香港總代理◎一代匯集
電　　　話◎02-7733-4070	地　　　址◎九龍旺角塘尾道64號 龍駒企業大廈10 B&D室
傳　　　真◎02-7733-4069	電　　　話◎852-2783-8102
E－m a i l◎frank.spring@msa.hinet.net	傳　　　真◎852-2396-0050
網　　　址◎http://www.bookspring.com.tw	
部 落 格◎http://blog.pixnet.net/bookspring	
郵政帳號◎19705538	
戶　　　名◎春天出版國際文化有限公司	
法律顧問◎蕭顯忠律師事務所	版權所有・翻印必究
出版日期◎二○二三年四月初版	本書如有缺頁破損，敬請寄回更換，謝謝。
定　　　價◎360元	ISBN 978-957-741-660-5